MOKA版权课程
同名系列图书

游戏型沟通力
基于MOKA对话型游戏

冯雷　胡娜◎著

中信出版集团|北京

图书在版编目（CIP）数据

游戏型沟通力：基于 MOKA 对话型游戏 / 冯雷，胡娜著 . -- 北京：中信出版社，2019.11
（MOKA 版权课程同名系列图书）
ISBN 978-7-5217-1156-1

Ⅰ . ①游… Ⅱ . ①冯… ②胡… Ⅲ . ①心理交往 – 通俗读物 Ⅳ . ① C912.11-49

中国版本图书馆 CIP 数据核字（2019）第 226348 号

游戏型沟通力——基于 MOKA 对话型游戏
（MOKA 版权课程同名系列图书）

著　　者：冯雷　胡娜
出版发行：中信出版集团股份有限公司
　　　　　（北京市朝阳区惠新东街甲 4 号富盛大厦 2 座　邮编　100029）
承　印　者：北京通州皇家印刷厂

开　　本：880mm×1230mm　1/32　　印　　张：7　　　　字　　数：92 千字
版　　次：2019 年 11 月第 1 版　　　印　　次：2019 年 11 月第 1 次印刷
广告经营许可证：京朝工商广字第 8087 号
书　　号：ISBN 978-7-5217-1156-1
定　　价：46.00 元

目　录

I

第二篇
实战篇

推荐序

我很高兴有机会给冯雷老师和胡娜老师的这本新书撰写推荐序。本书对于一个从事儿童教育行业的人来说，具有特别的意义和价值。本书填补了国内市场在游戏领域的空白。对话型游戏可以让快乐随时随地发生，让人与人之间的沟通变得更有趣、更有意义，也让学习的过程变得更好玩、更简单和更生动。

大家都知道孩子的成长离不开游戏，但现在"游戏"这两个字在很多家长的脑海里会等同于"网游"，等同于无所事事、不务正业。其实游戏从古至今都在帮助人们活得更快乐、更有意义和更有价值。所以，我从书中看到了在现实的沟通和学习中如何让游戏扮演真正的激发者、促动者的角色。

本书不光提供了具体的、多元化的、寓教于乐的工具和方法，还为我们在管理中、家庭中、工作中、沟通中设计了不同场景的MOKA（魔卡）对话型游戏，深入浅出地让我们可以理解如何用对话型游戏点亮学习、沟通的过程和生命中那些重要的时刻。

本书不仅可以打开人际沟通的窗口，还可以让学习变得生动、有趣，真正让我体验到游戏可以激发学习兴趣，对话可以引人思考。本书的独特之处有以下三点。

第一，寓意深刻。本书用一个童话故事为我们解释了对话型游戏背后的道，让我们了解了游戏活动的四大核心要素。

第二，轻阅读。在快节奏的今天，能够一气呵成地从本书的第一页读到最后一页。我们不想停下来的原因是，整本书运用了国际前沿的视觉引导绘画手法，把每个章节的主题都视觉化地呈现在我们眼前，让我们一目了然；还深入浅出地带出了一个个神秘的故事和四位栩栩如生的游戏魔法师，让人感觉本书就像一面镜子折射出了我们不同的侧面。

第三，实用又好用。七大不同场景的MOKA对话型游戏，不仅让我们可以了解背后的设计原理，还可以清晰、明确、具体地展现每个操作流程在现实生活中的运用场景，让我们可以举一反三地了解自己在日常工作和生活中如何运用这些游戏。

本书把游戏和引导做了完美的演绎，也让故事和实战异曲同工，把游戏从有限的空间带到了无限延展的空间。

我记得泰戈尔在《玩具》这首诗中这样写道：

孩子

你多快乐呀

整个早晨坐在尘土里

玩一根嫩绿的树枝

我微笑着

看你玩那根小小的树枝

我呢

忙着算账

一小时一小时地把数字加起来

也许你看着我心想

多傻的游戏呀

把早晨的时光都糟蹋了

孩子

我已经忘记了专心致志地玩树枝和泥巴的本领了

我寻找昂贵的玩具

搜集一块一块的金币

而你无论找到什么

都能发明一个开心的游戏

我把时间和精力

都耗费在我永远都得不到的东西上

我在脆弱的独木舟里

挣扎着越过欲望之海

却忘记了自己也在玩一个游戏

　　我希望这首诗能让我们回到初心，让我们看到那个渴望投入游戏的自己。

　　最后，我也希望更多的孩子和父母、员工和领导、学生和老师，能够从书中学习到这种点亮自己和他人幸福、快乐的能力。游戏型沟通力，一种我们在职场、家庭、社交中需要掌握的新型能力，它会让我们的生活充满无限乐趣！

吴心峰

贝壳金宝首席执行官

金宝国际幼儿园创办人

前　言

只为追求幸福卓越的你

为什么本书对生活的改变如此重要

　　人们都希望生活可以变得更有趣、更快乐、更幸福，于是从古至今，各式各样的游戏演变出来以帮助人们发现不同的乐趣，甚至很多人认为人生就是一场游戏。这些在现实中或虚拟世界里的游戏都投射出一个原理："游戏的乐趣来自全然忘我的投入体验！"

　　当你打开本书时，我希望你能忘我地、全情地投入其中，并参与到本书的每一个精彩有趣的互动环节中。你不仅可以收获不同寻常的读书体验，还会设计出属于自己的专属游戏，从而找到属于自己的

幸福方式。书中出现的每一个MOKA口袋精灵就像我们的幸福教练一样，让我们每天都能活出享受当下、全情投入的状态。书中每个章节的MOKA口袋游戏魔法师都会陪伴你一起互动、参与讨论。你只有身临其境地把自己放进一个个游戏中，去真正发现其中的乐趣和感受一个个被打开的时刻，才会真正了解游戏是一种可以让自己的生活充满激情、快乐和幸福的途径。游戏还是一种生活态度，一种生活方式。而游戏型沟通力是一种每个人都可以学习和掌握的能力，也是一种职场必备的新能力。

本书和其他游戏书的区别

本书和其他游戏书并不一样，它们最大的区别是：

- 本书不是一本枯燥的只教你玩游戏的工具书。
- 本书也不是一本干涩的游戏理论教科书。
- 本书更不是一本给你许多是非对错的答案书。
- 本书是一本激发游戏灵感和创意的启发书。
- 本书是一本帮你打开游戏大门，使你看到自己喜欢的快乐方式，并启发你设计出属于自己的游戏的口袋书。
- 本书是一本可以帮你创造一个个在生活中、工作中美妙而难忘的惊喜时刻、心流时刻、荣耀时刻、深度连接时刻的实用魔法书。
- 本书是一本用游戏和你一起玩，一起分享快乐和温度，一起用游戏展开深度沟通的对话书。

用深度对话创造游戏场景和无须准备一堆游戏道具是本书的两大特点。本书可以让你和他人通过游戏对话产生更有意义、更有趣、更有深度的连接，让彼此的心可以互相打开，让彼此通过分享而被激发和被赋能。本书是一本让你在不同游戏世界探索游戏的神奇魔力之书。

本书基于MOKA版权课程"MOKA对话型游戏"而写，MOKA版权课程还有"MOKA促动型培训师""MOKA共创式战略规划""MOKA游戏力"等。另外，欢迎大家学习"MOKA对话型游戏"线上视频课程。

本书故事篇

自你打开本书故事篇的第一页起，你就被带到了一个奇幻的游戏世界。这里有不同性格特点的游戏魔法师，也有神秘的MOKA口袋游戏精灵岛和岛上热爱游戏的精灵，还有大家都想找到的能给予幸福的MOKA魔法箱和打开幸福魔法箱的钥匙。

每位魔法师都会带你进入不同的游戏空间，你会学到在现实生活中随时随地都可以用到的游戏。不管是开会、拜访客户，还是和朋友或家人聚会，当你拿出这些MOKA口袋游戏时，你会发现一切都开始变得不一样了。人和人之间的交流变得更加容易，人们变得喜欢分享、渴望建立连接、热情投入参与、愿意接受挑战并不断创新。

这神奇的力量和变化都来自MOKA口袋游戏的四位平凡而又非常不平凡的魔法师，他们是本书的四个主要人物。他们坚持探寻游戏背后的道在哪里以及游戏如何真正帮助普通人在每时每刻活出各式各样的快乐状态。

他们分别是：

■ 锁定目标的游戏靶心人。

- 严守规则的游戏狩猎人。
- 不断追求变化的游戏跳板人。
- 投入参与的游戏星星人。

　　他们和你一起在不同的游戏空间中，不断地挑战、学习和成长，拿到了给自己和他人带来无限乐趣的MOKA口袋游戏，也获得了MOKA口袋游戏精灵们的神奇魔力，赢得了打开拥有幸福、快乐秘诀的魔法箱钥匙。

本书实战篇

　　在这个VUCA时代（变幻莫测的时代），我们每天都会面临着各种未知、各种挑战，并且压力越来越大。在这样的环境下，我们开始越来越忙碌、越来越独立，所以我们感觉越来越疲惫、焦躁和孤独，也越来越难寻找到让自己幸福、快乐的理由。

　　我们需要一种让生活、工作、人际交流变得幸福、快乐、有趣的能力。这种能力与逻辑思考能力一样重要，它会让我们与家人、朋友、客户、团队在许多生命的重要时刻一起分享幸福的巅峰体验，让人与人之间敞开心扉；它是我们每个人都需要的一种能力——用对话型游戏构造幸福、打造快乐的能力。而这种能力的培养是需要在现实生活中的每个不同场景下进行不断实战演练的。所以，四位魔法师会带领大家进行MOKA对话型口袋游戏的实战演练。这部分内容不仅会让你体验到在管理中、会议上、餐桌旁、聚会中一个个实用、有趣的MOKA对话型游戏如何做，还会让你知道为什么要这样做。当然，这部分内容也会让你在这个过程中设计出属于自己的场景对话游戏。

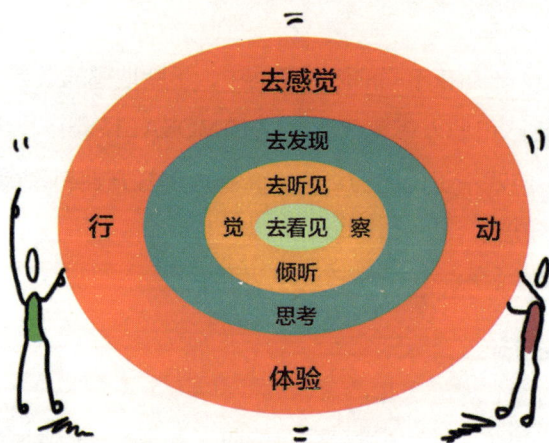

　　我们在实战篇总结了生活和工作中常见的七种对话型游戏，它们分别是：

- 相互认识与了解对话型游戏。

- 餐桌与聚会对话型游戏。

- 趣味会议对话型游戏。

- 表达欣赏与感激对话型游戏。

- 给予反馈对话型游戏。

- 化解冲突对话型游戏。

- 打造高效团队文化氛围对话型游戏。

四位游戏魔法师会分别带领你从不同的角度来探讨如何把每个游戏做到位。

- 游戏靶心人会带你探索每个游戏要达成的目标以及为什么要做这个游戏。

- 游戏狩猎人会带你探索每个游戏的规则与流程。

- 游戏跳板人会跟你一起探索每个游戏能够延展和变化的空间，以及其他可运用的场景。

■ 游戏星星人会给你一个真实的生活或工作场景，让你探索如何运用游戏，或者提出一些让你思考的问题。

最后，本书实战篇的每个游戏都提供了一个真实的场景化展示，让你体会游戏在现实生活和工作中运用的样子。在场景化展示中，你能身临其境地感受到每个游戏在运用上的魅力。

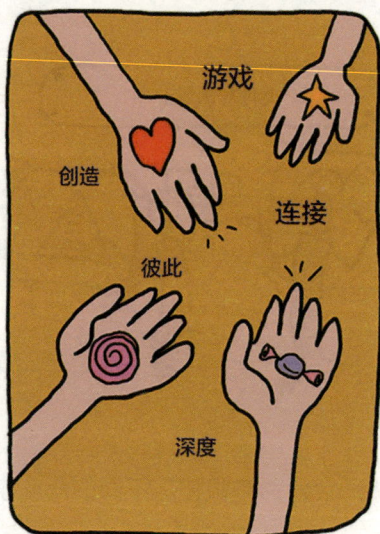

本书的非凡体验

游戏永远不是一个人的独角戏，你会从和别人不同的互动中体验到那些重要人生时刻不同的心流体验、惊喜体验、巅峰体验、深度连接体验。对话型游戏会打开我们的心扉，会在那些重要时刻让我们终生难忘、激发潜能。

所以，你想要成为我们中的一员吗？你想成为拥有幸福、快乐的MOKA游戏魔法师吗？欢迎你加入MOKA对话型游戏魔法师的成长营课程。你可以成为一粒传播幸福、快乐的种子，一个让幸福、快乐口袋飞起来的MOKA口袋游戏魔法师！

写出你读本书的三个理由或对本书的三个期望：

第一篇

故事篇

第一章

幸福狂想节
——四位游戏魔法师的诞生

　　故事要从这一年中最寒冷的冬天说起。这一年，天气变得越来越寒冷，每个人都在这个冬天缩手缩脚，不愿出门，不想活动。寒冷从外到内封冻了美好，一切都显得没有色彩、没有生机。在死气沉沉的静默中，人们只想把日子一天天地混过去。今天和昨天差不多，明天和今天没什么两样，生活就像白开水，健康但无味，令人难忘、惊喜、感动的时刻太少了。人们几乎想不起做了哪些让生活变得有所不同的事，人们就这样一成不变地生活着。在这座看似车水马龙、繁华喧闹、灯火辉煌的城市，虽然高楼林立，但就算同一楼层的隔壁邻居之间也很少来往，他们甚至住了十几年都不知道对方姓甚名谁。而那些同在一个屋檐下的人宁愿看手机，也不愿抬起头注视着对方聊聊心里话。每个人看起来都那么忙，他们忙得内心空虚且寂寞，似乎只有忙碌才能证明他们活着的价值。每个人都向往着那种充满温情欣喜、洋溢幸福快乐的生活，却不知道该如何找寻，也不知道这样的生活在哪里。

神奇的MOKA列车

直到这列载着幸福、希望的神奇魔法列车驶入人们的视野，人们才发现有这么一群超级有趣的MOKA游戏魔法师在用神奇的MOKA口袋游戏帮助他们找到更多的幸福和快乐！

人们潮水般地涌向车站，迎接这辆充满希望的神奇列车，迎接它将会带来的新的变化，迎接自己梦寐以求的生活状态。每个人都希望找到能让自己幸福、快乐的能力！他们嘴角上扬，眼中充满着希望。他们微笑着想要和别人交流，想要欢唱！毕竟这个寒冬的持续时间太长了，他们不想在孤寂中继续等待，盼望着在此刻爆发。哪怕只有一线光芒，他们也要欢唱着站出来，手拉手，为梦想歌唱。那些压抑已久的激情，那些对幸福、快乐的渴望，以及那些炙热而坚定的眼神，让这一天变得那么与众不同，就像幸福狂想节！

　　只见火车缓缓地驶入站台，一双双期盼的眼神张望着。人群中有人抑制不住内心的激动，开始热情地鼓掌欢呼！在这片热情的欢呼声中，列车停了！一位身穿红色礼服、头戴黑色魔法帽的游戏魔法师缓缓地走下火车，摘下魔法帽，向大家深深地鞠了一躬。当他摘下魔法帽的一刹那，四个神秘的魔法小精灵拖着四个神奇的口袋从魔法帽中爬了出来。只见四种颜色的口袋上面分别写着四个大大的字母"M""O""K""A"，口袋变得越来越大，突然飞起来停在了空中。于是人群开始欢呼着："MOKA！MOKA！MOKA！"只见四个口袋一下子打开，飞出了无数张卡片，这些有着神奇魔力的卡片轻轻地飞到每个人手中，停住了……一张张卡片开始变化出红、黄、蓝、绿四种颜色。这些从MOKA口袋中飞出的神奇卡片从何而来呢？它们又会带给大家什么呢？

MOKA口袋的选择

这要从那个神秘的MOKA口袋游戏精灵岛说起。据说，这是一个种植着幸福、快乐的小岛，岛上所有的精灵都会把从世界各地采集到的幸福、快乐种子种在岛上，等到其发芽长叶时就会长出一张张神奇的游戏魔力卡。人们给这些卡片起了一个好记的名字叫MOKA，谁要是获得了MOKA，谁就会拥有召唤幸福、快乐的能力。他们会给周围的人带来幸福、快乐，也会给自己的生活创造无限乐趣。这些人被人们称为MOKA口袋游戏魔法师。

　　每一年都会有四个幸运儿被选为MOKA口袋游戏魔法师，他们会到MOKA口袋游戏精灵岛取得这些让人们幸福、快乐的MOKA。人们潮水般地涌向MOKA神奇列车，每个人都渴望成为那个幸运儿。虽然成千上万的人蜂拥而来，但MOKA精灵每次只在人群中选四个人。没有人知道这些MOKA精灵最终会选谁，也没有人知道他们的标准是什么。但当四个不同颜色的MOKA魔法口袋停在四个入选人的身上时，他们就会被赋予一种神圣的使命——带给他人和自己更多的快乐。他们会在MOKA精灵的引导下和大家一起学习、探索MOKA口袋游戏的奥秘，会带领大家一起参与体验各种不同的游戏，也会到MOKA口袋游戏精灵岛去寻找打开MOKA游戏魔法箱的钥匙。他们会是谁呢？谁会成为MOKA口袋游戏魔法师呢？

　　时间就像被冻在了那一刻，所有人都屏住呼吸等待着MOKA魔法口袋的选择。有的人闭上了双眼开始祈祷，有的人瞪大了双眼不停地寻找，有的人紧张得额头轻轻地冒出汗珠……四个不同颜色的MOKA魔法口袋在人群中不停地盘旋，它们在寻找……

　　突然，黄色MOKA魔法口袋停到了他的身上……只见他目光炯炯有神，眉宇间透出一种霸气。

　　他是吴强，到哪里都会给人一种盛气凌人的感觉。他从小就是学霸，做什么都想拿第一，十二岁就在全国演讲大赛上获得第一名。大学毕业后，他没有选择去父母给他找的单位上班，而是成为创业者，开了一家公司。他是一个有目标就必须达成的人。第一年，他就凭着自己的努力赚了第一个一百万元，接着他把目标定到了五百万元、一千万元、两亿元……他每天睁开眼就一件事——为了目标拼了！但十年之后，他所有的合伙人都选择离开了他的公司，成为他的竞争对手。在市场的激烈竞争下，他不得不面临二次创业，却没有一个员工愿意跟他。英雄最大的痛在于站在山顶发现下面没有一个观众。他痛得彻夜难眠，但最终还是选择了在哪里跌倒就在哪里站起来。他必须做出改变，否则自己不但苦不堪言，还会带给周围的人巨大的压力。于是，他花了几十万元参加了各种大师的培训班，找到了自己新的人生目标，即成为快乐的传播者，而不是压力的导火索。当得知MOKA神奇列车会来这里时，他义无反顾地来到现场，但没有想到会被黄色MOKA魔法口袋选中。

同时，人群又发出一片惊叹。蓝色MOKA魔法口袋停在了她的身上，人群一片哗然！

她是秦莉，是人群中最不起眼的那个人。她很清楚自己为何而来，她的儿子在家里等着她。为了孩子的梦想，也为了自己儿时的梦想，她毅然决然地来到这里。多年的职场打拼练就了她全力以赴、严守规则、坚韧不拔的个性，但她还是不敢相信自己的眼睛，不敢相信自己怎么可能会如此幸运。

从小到大，她都是那个全家最不招人待见的人。在她五岁那年，在一个风雨交加的夜晚，妈妈抛下了她，离开了家。在爸爸的两次婚姻中，她都扮演着拖油瓶的角色。所以，她很早就想拥有一个完整的家。她早恋、早婚，也很快离婚，早早成了单亲妈妈。她早出晚归，拼命工作，养家糊口。她并不喜欢数字，却天天要和数字打交道。在财务部门工作的她不喜欢吵架却天天都会为了各种规定和人吵架，她成了一个没有多少快乐可言的工作机器。其实，秦莉也希望自己能每天开开心心的，可生活的担子几乎压得她无法喘息。她渴望改变，为了孩子，也为了自己。就这样，她来到了现场，幸运地被蓝色MOKA魔法口袋选上。她知道从这一刻起，她的命运将从此改变……

　　与此同时，人群中又开始沸腾起来，只见绿色MOKA魔法口袋停在了他的身上……

　　他是羽飞，是一个有着丰富拓展游戏经验的培训师。他喜欢探险，热爱创新和变化。他来这里就是希望寻求突破的。在过去多年的拓展游戏培训中，他发现每次学员在游戏活动中都能放得很开，玩得很尽兴，但他们回到工作中又会变回原来的样子，没有太多实质性的改变。大部分拓展培训师都想学一些新的不同形式的游戏活动，因为客户每年都希望玩一些过去没有玩过的游戏。游戏的形式在不断翻新，其内核却没有改变，拓展培训行业越来越难做，新形式的游戏很快会被复制，客户的要求在不断升级。他必须做出改变，否则很难在这个行业继续做下去。当得知MOKA口袋游戏能帮助人们改变并创造幸福、快乐时，他激动得难以入眠，好不容易盼到了这一天。当绿色MOKA魔法口袋选中他时，他激动得差点晕过去。这一刻对他来说太重要了！

　　就在这时，人群又发起一阵惊呼。红色MOKA魔法口袋停在了她的身上……只见人群中，一位头戴红色帽子的女士激动得手舞足蹈。

　　她是徐星，从小到大都是班上、单位里最活跃的那个人，喜欢和人打交道，热情好客，还喜欢研究人的心理。考大学时，她一门心思认准了心理系；毕业后，她就去了一家大公司的人力资源部，一干就是八年。现在，她已经是这家公司的人力资源总监，但她越来越不开心。在公司不断的转型过程中，很多同事都面临着今天来明天走的危机——公司大幅裁员，员工没有工作热情且很难被激励。人力资源的工作变得难上加难。一向乐观的她也被逼得快要抑郁了，每天穿梭在各大会议中，希望可以找到帮助大家释放工作激情的方法。所以，一得知MOKA口袋游戏能给人带来幸福、快乐时，她就召集了周围的亲朋好友和同事一起来参加。她相信人多力量大，一定会有人入选的，但没想到入选的竟然是自己，这份幸运来得太突然了。她竟然被红色MOKA魔法口袋选中，这让她有点手足无措！

四个MOKA魔法口袋分别选出了四位MOKA口袋游戏魔法师。口袋游戏精灵们给他们分别戴上了黄色、蓝色、绿色、红色四个MOKA魔法口袋，带着他们一起踏上改变生活的征程，登上寻找幸福、快乐的列车。

第二章

MOKA 口袋大厦
——探索好游戏的四个核心要素

人们为什么喜欢玩游戏

四位魔法师在人们的欢呼声中飘飘然地就被MOKA列车带到了第一站——MOKA口袋大厦。这是座一眼望不到头、飘在空中的大厦——每一层都由一个不同颜色的口袋构成，它在空中若隐若现，就像一道彩虹。每一个口袋层中都有纽扣椅、拉链桌，而每位魔法师在下车时都拿着一根长长的松紧带，上面写着："用我就可以上去！"于是，他们把松紧带一捏，嗖的一下就蹦到了七十八层的MOKA口袋讨论厅。这里没有桌椅，只有各种颜色的笔、纸及墙壁。口袋精灵们给每位魔法师发了一张卡片。

四位魔法师一看，原来是一张问题卡，上面写着："人们为什么喜欢玩游戏？"

人们为什么喜欢玩游戏？

对于这个问题，四位魔法师进行了激烈的讨论，每个人都争先恐后地发言。他们谈到了以下几种观点。

- **符合内在驱动力**。游戏是一种满足内在动力的活动。我们小时候跳绳、滚铁环、爬梯子、搭积木，是因为游戏活动本身给我们带来了很多娱乐性和挑战性。在不断战胜困难和挑战的过程中，我们得到了战胜困难的满足感和成就感。我们不需要外在的奖励刺激就很愿意乐在其中了。

- **获得轻松愉快感**。游戏给人提供了一种轻松的氛围，能够让人放下戒备，并从游戏中感觉到自由和可控。游戏不像我们的工作，工作是有任务要去完成的。如果我们不能完成工作，我们就会受到惩罚。所以，我们在工作中很有压力。如果压力太大，人就很难体会到轻松、快乐。

- **找到使命和意义感。**一个成功的游戏背后，一般都会有一个丰富的背景故事。玩家在玩游戏的同时，也在做一件有意义的事，或完成一个使命。比如：《超级玛丽》里面的管道工人马里奥是去拯救被乌龟龙抓走的公主；像《复仇者联盟》那样的游戏，玩家可以拯救地球，甚至拯救整个宇宙。

- **达到心流状态。**玩游戏很容易让我们进入忘我的境界。当全神贯注地做一件事情的时候，我们很容易进入心流状态，时间会过得飞快。在游戏结束后，我们会有一种全然忘我的兴奋感。

人们通常会在游戏活动中寻找什么

　　在谈到忘我境界的时候，黄色魔法师突然质疑："为什么有的时候，我在玩游戏的当下会很投入、很快乐，但玩完游戏后又会后悔，觉得浪费了很多时间，觉得内心空虚呢？"这个问题倒是把大家难住了。大家不约而同地看着口袋精灵。口袋精灵并没有回答这个的问题，而是问大家："人们通常会在游戏活动中寻找什么？"

人们通常会在游戏活动中寻找什么？

红色魔法师抢先说："每个人在游戏中寻找的东西不一样。我希望在游戏中找到和其他人的连接，特别希望通过游戏和他人更好地互动和沟通。因为人是社会性动物，所以有一种人际交往的需求。"

黄色魔法师若有所思地说："我想我在游戏中找到了'我是谁'。在现实生活中，我很少得到爸妈的赞美。但在游戏中，因为我不断通关并达成一个个看似不可能实现的目标，所以我特别有成就感。"

绿色魔法师补充道："我觉得在玩游戏的时候，我很容易看到别人的不同观点和做法。因为我处在玩耍的状态，所以我也就没有那么较真，很容易接受不同的意见和看法。在游戏中，我能看到其他可能性，并且能学习到别人的智慧。这不像现实工作，在现实工作中，我们必须说服他人接受我们自己的观点。而在游戏中，我们没有利益之争，不同的观点和想法很容易共存。我超级喜欢这种海纳百川的做法。"

不同的观点
和想法共存

蓝色魔法师在这个时候恍然大悟："所以，游戏是否浪费时间的问题有答案了，关键在于参与者是出于什么目的和需求来玩游戏的。如果游戏能满足他们的需求，那么在游戏结束后他们肯定会觉得超级爽，因为玩游戏的过程可以被理解为充电的过程。举个例子，如果你玩游戏的目的仅仅是得到快乐，好玩、刺激的游戏就已经能满足你的需求了。但如果你的需求是与他人建立深度连接，而在游戏结束后你并不觉得对他人有深度的认知，只是开心地度过了两三个小时，那么之后你还是会有些许的失落，因为你最原始的目的并没有达成。对吧？"这个时候，大家似乎都被蓝色魔法师说服了，不住地点头表示认同。

口袋精灵继续问大家："那这个发现对大家设计游戏活动有什么启发呢？"

红色魔法师回答道："启发是，我们需要在娱乐的基础上增加其他的意义和目的，以符合参与者的心理需求。"

口袋精灵继续提问："那在工作和生活中，除了娱乐，还有什么需求是大家常见的呢？"

有人回答："太多了。比如，社交的需求，解决问题的需求，增长见识的需求，成长和成就感的需求，被聆听、被理解的需求，等等。"

另一个人说："如果游戏活动能够跟这些实际的需求连接，生活和工作就可以娱乐化了，我们就可以在轻松愉快的氛围中达成目标、解决问题、支持他人成长、交流分享。这该多好呀！"

接着，另一个人说："所以，在设计游戏活动的时候，如果我们能够不仅达成娱乐的目标，也能够达成其他目标，那么这该多好！但究竟怎样设计游戏活动才能够做到这一点呢？"大家再次不约而同地看向了口袋精灵。口袋精灵笑了笑说："这是你们要用心去体会和成长的提升之旅，我相信你们一定能找到属于自己的答案。"

好的体验式游戏活动需要具备哪些核心要素

口袋精灵又给四位魔法师发了一张任务卡和一张问题卡。

任务卡

以"游戏××人"的格式写下代表你的名字和标语。

问题卡

好的体验式游戏活动需要具备哪些核心要素？

于是，四位魔法师开始动笔在卡片上写下了各自的想法。他们分别写下了自己的名字和标语。

黄色魔法师吴强取名为"游戏靶心人"，英文名为"Goal"。他的标语是："有目标才有意义！"

蓝色魔法师秦莉取名为"游戏狩猎人"，英文名为"Rules"。
她的标语是："规则创造公平！"

绿色魔法师羽飞取名为"游戏跳板人"，英文名为"Change"。
他的标语是："改变营造动能！"

红色魔法师徐星取名为"游戏星星人"，英文名为"Engage"。
她的标语是："投入参与才叫游戏！"

　　在完成了任务卡的内容后，四位魔法师开始回答"好的体验式游戏活动需要具备哪些核心要素"这个问题了。但在这个问题的共识上，大家产生了异议。

　　黄色魔法师靶心人对着绿色魔法师跳板人说："你觉得游戏最重要的是变化，那么变化是什么意思？难道玩游戏就必须变来变去吗？"

　　绿色魔法师跳板人说："我指的变化是游戏过程中的变化性。如果一个游戏从头到尾都没有任何起伏，没有任何惊喜，它就不会带给玩游戏的人太多的感受，引发不了玩游戏的人的任何情绪体验，不会好玩，也不会被记住。就像一个好故事没有冲突转变就不能被称为一个好故事，所以我认为游戏的核心是变化！"

　　黄色魔法师靶心人反对道："有变化但没有目标也是白做呀！因为游戏最终要服务于你想要达成的目的，是吧？所以，游戏最重要的是目标！"

　　红色魔法师星星人立刻站起来说："如果任何游戏都没法让大家积极投入参与，那么再有目标、变化但没人去做，又有什么用呢？所以，游戏最重要的是投入参与！"

　　这时，蓝色魔法师狩猎人也按捺不住对大家说："要想大家都能积极投入参与，游戏首先要有清楚的规则来保证公平。所以，我认为游戏最重要的是规则！"

　　就这样，大家你一言我一语地争执着，谁也不肯让谁。口袋精灵见大家快要吵起来了，于是不慌不忙地笑着说："知道我们为什么会选择你们四位成为魔法师吗？"四位魔法师茫然地摇了摇头，但又满心好奇地期待着口袋精灵接下来的揭秘。口袋精灵继续说道："好的体验式游戏活动有四个核心要素，它们分别是目标、规则、变化和投入。"这个时候，大家恍然大悟，原来他们四个被选为魔法师，是因为他们四个人构成了好的体验式游戏活动的四个核心要素呀！

好的体验式游戏活动的四大要素

目标　　规则　　变化　　投入

好的体验式游戏活动的核心要素之一：目标

这个时候，口袋精灵首先转向了黄色魔法师靶心人，并向他提出了一个问题："为什么好的游戏活动的核心要素之一是目标呢？"

靶心人慷慨激昂地说："这很简单，做任何事情都需要有目标，玩游戏也不例外。目标就像靶子，它提供了努力的方向。看电影、听音乐会背后都有目标，目标是获得快乐；找朋友诉苦也有目标，目标是宣泄情感；同学聚会也有目标，目标是联络感情。当游戏活动提供了明确的目标时，玩游戏的人才会知道自己努力的方向，玩的过程中离目标有多远，以及玩得怎样。这就像在工作中老板要给我们设定年度目标一样，只有目标设定得非常清晰，才不会到年底的时候大家互相扯皮。所以，我觉得游戏有明确的目标非常重要。如果玩游戏的人觉得要实现的目标对他们非常有价值和有意义，他们就会立刻被调动出积极性和承诺感。因为人是喜欢接受挑战的，一旦实现目标、克服困难，人就会有极大的满足感和成就感。"

口袋精灵见状忙追问道："我看见你一谈到目标就很兴奋，那么你是否曾经经历过因为目标设定得不清晰而导致玩游戏的人觉得很沮丧的情况呢？"

被口袋精灵这样一问，靶心人安静了下来，立刻在脑海中搜索过去的记忆，很快就想到了曾经经历的一个活动体验。

靶心人说："这是我在职业生涯规划主题方面的一堂课。老师让我们坐成一圈、闭上眼睛。我们伴随着她的指导语进入冥想状态，想象自己很放松，然后画出自己的自画像。在我们画好后，老师让我们分享自己的作品和自己做过的最值得骄傲的一件事。整个班都没人愿意主动分享，而且当老师指定某位学生出来交流时，其他同学并不愿意认真倾听。最后，这个环节只能草草收尾，而且大家都觉得这个环节超级无聊。今天回想起来，老师并没有在做这个画画的游戏活动之前告诉我们这个游戏需要达成的目标是什么？当我们不知道为什么要做的时候，冥想和画画本身就变得毫无意义了。"

口袋精灵微笑地点点头，接着转向大家问道："在游戏活动设定目标上，大家还有什么问题吗？"

蓝色魔法师狩猎人迫不及待地接话道："你们刚刚讲到了目标的重要性，但我们怎么知道什么是好的游戏目标，什么是差的游戏目标，以及两者之间的区别是什么呢？"

"这真的是一个很棒的问题。你能提出这样的问题，看得出你对此肯定有自己的见解，你要不要自己先说说看？"口袋精灵很聪明地把问题抛回给了狩猎人。

狩猎人笑着说："我就知道你会问我。我认为，好的游戏目标要能够有挑战性。我自己就很有体验。我喜欢玩网游，当游戏任务太简单时，我会觉得索然无味；但当游戏任务太难时，我会容易放弃。我觉得网游的设计者特别懂得人的这种心理，他不会一开始就让你挑战你根本完不成的任务，而是设定一个个关卡，而每个关卡其实就是一个个具有挑战性的目标。在通过一个个关卡时，游戏玩家会很容易上瘾，因为玩家会觉得自己越来越厉害，特别有成就感！"

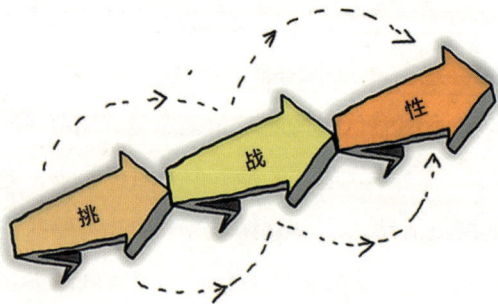

这个时候，跳板人补充道："我听说过舒适区理论和心流理论。这两个理论都是在讲人如果在舒适区时间长了，就会觉得空虚和无聊。所以，我们需要挑战舒适区，而挑战舒适区最重要的做法就是要设定有挑战性的目标。心流理论也强调，当我们在做一件事情的时候，如果事情难度过高，我们就会产生焦虑感；如果事情难度太低，我们就会感觉无聊。事情难度过高或过低，都会让我们想逃离。如果这件事难度适当，我们就会百分百专注，从而进入一种心流状态——全身心投入、沉醉其中，出现全然忘我的幸福时刻。"

星星人在听完大家的发言后，总结性地发言了："我来总结一下吧！好的体验式游戏活动的要素之一是要有挑战性的目标。在游戏活动中设定目标的时候，目标应该清晰明确，否则参与者会觉得很茫然，不知道游戏的目的是什么。另外，在设计游戏活动的时候，如果要让学员进入幸福的心流体验，那么我们一定要确保参与者觉得目标对他们是有意义和有价值的，同时又是有挑战性的。这样大家在实现目标的过程中就会被调动出想赢的欲望，在实现目标后就会有成就感。你们觉得我总结得如何？"

其他几位（包括口袋精灵在内）都给予了她掌声。跳板人说："你在学校肯定是学霸吧！总结得真好！"

为什么目标是游戏的核心要素之一？总结你的想法。

总　结

为什么目标是游戏的核心要素之一？

好的体验式游戏活动的核心要素之二：规则

口袋精灵此时转向狩猎人："你要不要说说你对游戏规则的理解，为什么规则也是好的游戏活动的核心要素之一呢？"

狩猎人说："每个家庭都有家庭规则。在我们家，我们规定孩子晚上八点前必须回家，因为我们会担心孩子的安全。公司也有规则，比如，我们在见客户时不能迟到，否则客户会觉得我们很不专业。我觉得如果没有规则，大家都按照自己的喜好做事，事情就会乱掉。我想游戏应该也不例外吧！如果没有规则，玩游戏的人都按照自己的意愿行事，那么游戏哪有公平性呢？游戏肯定得乱掉。我觉得，规则能够给游戏参与者提供边界和规范，让大家知道按照什么方式行事才不算违规，才算公平。而且，我还有一点想要补充，如果游戏规则设定得好，大家就会自发去玩；但如果游戏规则设定得不好，参与者就很容易放弃，因为游戏存在漏洞。"

跳板人补充道："玩游戏，不仅要玩，而且要遵守游戏规则去玩，这样游戏才好玩。比如，《狼人杀》游戏的重要规则就是要'天黑请闭眼'。如果有人不遵守规则，那么大家肯定会被气炸的，他就算赢了也不光彩。规则上的限制正是创意之源，比如我以前玩过的游戏，规则只有一条，那就是让每个人的手都同时触碰到球，于是大家就变换出各式各样的方法去玩游戏。"

口袋精灵这个时候说："这也让我想到，虽然有些事情很重要，但我们未必喜欢做，所以我们会一直拖延下去。可有些事情我们很喜欢做，一有空我们就想做，但它们对工作和学习并没有太大的帮助！那么，如何让一件有用的事情变得有趣、好玩又吸引人呢？如何让我们像玩游戏一样地工作和学习呢？"

1. 如何让一件有用的事情变得有趣、好玩又吸引人呢？

2. 如何让我们像玩游戏一样地工作和学习呢？

　　跳板人接话道："你的意思是说工作和学习也可以变得很有趣，就像玩游戏一样，只要我们掌握游戏化思维、设定好游戏规则？"口袋精灵点点头。跳板人说："这还真让我想到我们自己的团队是如何通过设立游戏规则的方式来塑造开会准时的行为的。"说到这里，大家都好奇地睁大了眼睛。跳板人继续说道："以前开会时，大家总是迟到。后来老板让大家讨论用什么规则来解决迟到问题，条件是要好玩、有趣而且能让对方有痛感。后来，我们想到了发红包的方式，迟到一分钟罚款二十元……迟到十分钟罚款二百元，上限就是二百元，而且迟到的人还要从一个抽签筒里面抽一个签（里面全部是一些很搞笑的惩罚措施，比如要用屁股扭动着写自己的英文名字），并照着签文做动作，大家可以拍照。这些规则因为是大家共同讨论制定的，也是大家集体通过的，所以大家都很认同。"口袋精灵问："那后来还有人迟到吗？"跳板人说："最开始还是有人迟到，我印象中只有两个人迟到过。后来这个方法还真有用，慢慢地大家都不迟到了。毕竟又要罚款，又要出丑，谁愿意呀？"

狩猎人很感慨地说:"这让我想到我的第一份工作,我的老板真的蛮厉害的。我们当时需要给陌生人拨打销售电话,好多新同事都犯怵,因为害怕被拒绝而不断拖延,所以效率特别低。后来,老板说我们团队可以来玩给陌生人拨打销售电话的游戏,规则就是看谁打的次数多和谁的成功率高。每天我们都用一个表格来记录大家的成绩,成绩差的同事需要与成绩好的同事结伴去吃午餐——由成绩差的同事请客,成绩差的同事要向成绩好的同事请教经验和窍门。用这样娱乐化比赛的方式,团队成员不仅迅速提升了业绩,而且还增进了彼此的关系和增强了团队的凝聚力。"

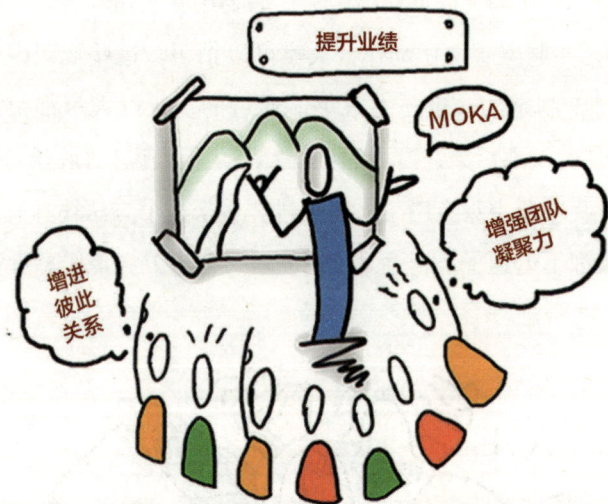

靶心人接话道:"如果游戏的规则设定得非常合理而且具有吸引力,那么这对于游戏的玩家来说会有超级大的吸引力——他们会自发地做事情。"

口袋精灵在这个时候突然插话道:"大家觉得我们在设计游戏

活动的一开始就能够把游戏的规则设计得非常完美，让参与者自发地参与吗？"

星星人说："这个是最难的。好多游戏活动不够精彩的最重要的原因就是游戏规则设定得不合理，从而导致游戏活动在操作上没有太大的变化性和新颖性。我倒想问问大家，该怎样设计规则才能让游戏精彩呢？"

跳板人说："我觉得在设计一个新的游戏活动时，肯定不可能一次性就把活动的规则设计得非常完美。不过，在游戏的执行过程中，我们可以留心观察问题、挑战和卡点在哪里。只要不断改善，在每次做完活动后能够虚心接受参与者的反馈，我们就能慢慢设计出属于自己的非常完美的游戏规则。我现在特别能够理解，一个游戏活动之所以不够精彩，通常是因为游戏规则制定得不够合理或者不够完善。所以，我们努力的方向是，在游戏的规则上增加变化性和完善性。"

靶心人补充道："除了这个，我还建议我们几个可以聚在一起进行头脑风暴，挑战游戏活动的现有做法，每次尝试改变一个新的规则，看看会是什么效果。"

"啊！这就是不断创新、不断完善，我喜欢！"跳板人高声赞美道。

为什么规则是游戏的核心要素之一？总结你的想法。

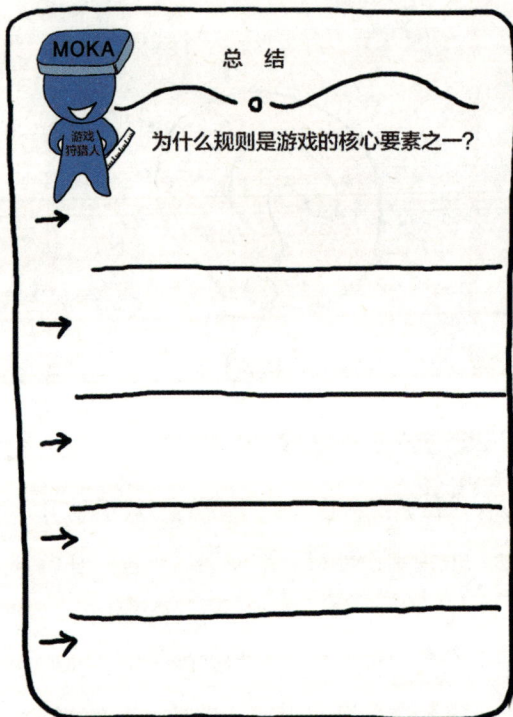

好的体验式游戏活动的核心要素之三：变化

口袋精灵此刻转向了跳板人："你要不要跟大家分享一下，为什么好的游戏活动的核心要素之一是变化呢？"

跳板人回答道："我以前是做拓展培训的。我发现，如果我们想让游戏活动做得精彩，并且给大家带来冲击和启发，我们就一定要在活动中制造各种变化、各种情绪。如果一个游戏从头到尾都没有任何变化，没有任何'意想不到'，它就不会带给玩游戏的人太多的感受和冲击，因而引发不了任何情绪变化，也不会被记住。就像一个故事没有冲突转变就不叫好故事，所以我认为游戏的核心是变化！"

口袋精灵此刻好奇地回应："我听到你说情绪，你是怎么理解游戏活动与情绪体验之间的关系的？"

　　跳板人说："当我们在活动中制造各种变化的时候，本质上是我们在通过变化带来各种不同的情绪。因为情绪的背后是一个人的信念、价值观、渴望、自我认知和需求，所以情绪的调动能让活动的参与者增加觉察的机会，从而检视自己更深层次的东西，就像照镜子一样。"

　　"能举个例子吗？"口袋精灵继续问道。

　　跳板人回答道："我曾经做过一个有关激励的活动，这个活动的目的是要让大家理解'激励'这个话题，体验激励的障碍，探索有效激励的方法和策略。我把大家分成了若干小组。在每个小组选出一个领导后，我把领导们叫到门外，告诉他们需要想尽一切办法去激励他们小组的成员参加年会的跳舞比赛，而且要让成员100%地投入舞蹈中。最开始做这个活动的时候，只要领导们稍微一鼓励，大部分成员就去跳了。结果在活动后，我发现成员们因为没有太多的情绪体验，而很难将活动总结得很到位。于是我就想在活动中增加一些冲突和变化。后来，当领导们在屋外准备的时候，我就让各小组的成员策划该如何给屋外的领导们制造各种挑战和麻烦。这样的变化更真实地反映了现实工作中那些很难被激励的所谓的困难员工的情绪。"

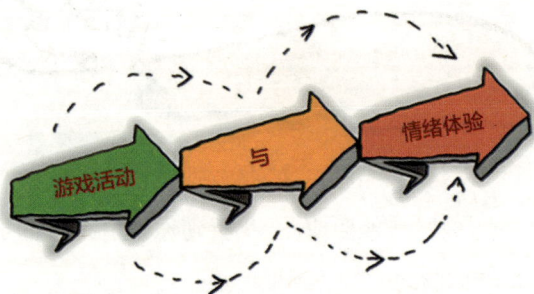

游戏活动　与　情绪体验

　　"那领导们肯定会被成员的不服从激怒吧？"靶心人好奇地问。

　　跳板人说："因为有成员制造抗拒点，所以他们给这个游戏带来了全新的体验。因为成员制造了很多冲突，所以他们也给领导们带来了很多情绪体验和感受，包括沮丧、挫败、愤怒、无奈等。对了，还有领导觉得冲突给他带来了兴奋感，因为他喜欢与人斗。他说，当挑战来临的时候，他看到的是自己又可以成长了，所以很期待将要发生的困难谈话的场景。你们能理解我想要表达什么吗？因为有各种情绪，在活动后的讨论中，大家会变得很踊跃，这真的是大家的有感而发。对于没有太多变化和感受的活动，大家会觉得活动无法带来体验，更无法带来思考和启发。"

口袋精灵继续挑战道："谢谢你的分享，那么这个活动除了增加下属的抗拒性，还可以增加哪些变化从而让游戏变得更有趣、更有情绪感呢？"

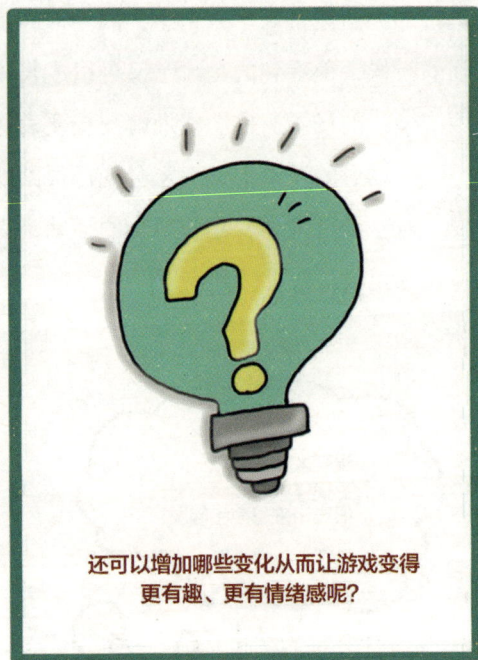

还可以增加哪些变化从而让游戏变得
更有趣、更有情绪感呢？

此时，星星人举手："我来说吧。我觉得可以让领导们再出去开个会，然后讨论出谁表现不好。领导们需要在所有参与者中淘汰这个人。我很期待看到领导们回到房间后，是如何进行这段告知坏消息的困难谈话的。哈哈！"

靶心人也跃跃欲试："我觉得可以增加一个环节，让最不能搞定成员的那个领导回述自己的沟通过程，然后让其他小组的领导来替换他，看他们如何说服这个小组的成员。这样就可以看到不同的领导是如何对待同一个不配合的小组的了。"

大家就这样你一言我一语地创造了这个游戏的各种变化性。此时，他们突然觉得脑洞大开，醍醐灌顶：原来通过在游戏的过程中创设各种矛盾、冲突、燃点和兴奋点，就能够把一个原本很平淡的游戏设计得如此精彩。

正在大家开心不已的时候，口袋精灵突然再次提问："祝贺大家有这么多的发现和启发。不过，我还是想要再问你们，你们觉得在活动中创造各种情绪的目的又是什么呢？"

"对呀，我们不会因为想要创造情绪而去做游戏吧？"跳板人问。

"我觉得创造情绪的目的是让大家能够有感而发，这样的发言才是高质量的。而且，在情绪产生后，大家很容易去探索引起情绪背后更深层的东西，如价值感和信念。尤其在一个群体游戏中，大家彼此的分享与碰撞，会带来想法和思维的碰撞和升级，这也是游戏活动的重要价值所在。大家可以在娱乐化的过程中赋能与充电、反思与提升。"

星星人补充道："如果要把活动做到这样一个高度，那么这一定对游戏带领者的引导技巧也会有很高的要求吧？"说到这里，大家不约而同地点头。

为什么变化是游戏的核心要素之一？总结你的想法。

总　结

为什么变化是游戏的核心要素之一？

好的体验式游戏活动的核心要素之四：投入

口袋精灵最后转向星星人："现在到你了，你说说看，为什么好的游戏活动的核心要素之一是投入呢？"

星星人迫不及待地回答道："总算轮到我了。我觉得在游戏活动的设计和操作中，如果我们能够让参与者将能量和精力完全投注在活动中去体验和感悟，去与他人发生互动和碰撞，其心流的状态就会很容易产生，参与者就会有强烈的兴奋感和充实感。"

这个时候，靶心人忍不住了："我反对。我觉得当目标设定得有挑战性，符合游戏参与者的预期和心理，并让他们觉得有意义和有价值的时候，他们不就能自动投入了吗？"

"我也反对。我觉得规则如果制定得好，也能帮助参与者创造投入感呀！"狩猎人补充道。

"我完全同意你们两位的说法，增加变化性不就是创造大家在游戏中的参与感吗？我觉得不必把'投入'单独罗列出来作为一个核心要素。"跳板人也随声附和。

　　这个时候，大家把目光齐刷刷地转向了口袋精灵。口袋精灵并没有马上回答大家的问题，而是反问道："投入地参与是所有游戏活动效果的基础。没有参与者的投入，游戏很难给参与者带来满足以及游戏结束后的探索与启发，也就无法实现玩游戏的目的。大家同意吗？"看到大家都在点头，口袋精灵继续问："如果目标、规则、变化都有了，那么大家是否一定能够全情投入地玩游戏呢？"

　　星星人像是看到了救兵的出现，开心地接话道："不一定！"

　　"为什么呢？游戏参与者通常不能全情投入的原因有哪些呢？"口袋精灵继续问道。

游戏参与者通常不能全情投入的原因有哪些呢？

大家开始讨论这个问题了，他们总结了很多游戏参与者不能全情投入的原因，其中最重要的原因包括以下几个方面。

- 大家彼此之间还很陌生，没有充分放开。
- 游戏活动氛围不够安全，比如老板在场。
- 游戏比较老套，缺乏新颖性。
- 游戏活动不能让参与者看到能够带来的价值和意义。

口袋精灵接下来问大家："在所有的原因中，你们对什么最感兴趣？"大家锁定在了如何制造安全感和如何制造游戏的新颖性上。

经过大家激烈的讨论，有关如何让游戏参与者投入的话题，有以下几个点子脱颖而出。

- 在游戏中制造仪式感。
- 游戏活动的前期铺垫非常重要。我们最好能够给游戏活动编一个与现实工作和生活有关联的故事，赋予游戏很强的带入感。

- 增加诸如选择挑战这样的活动规范。
- 游戏带领者提出高质量的问题。
- 旧歌新唱——在老游戏中增加新元素，让老游戏焕发新的色彩。

为什么投入是游戏的核心要素之一？总结你的想法。

最后，口袋精灵问大家："为什么我们要花这么多时间来探索游戏的核心要素呢？"

靶心人说："因为这样我们就知道该从哪几个方面入手设计和操作游戏了，我们就知道自己努力的方向了！"

狩猎人说："这让我对游戏化思维具有了更好、更深的认知。如果我们要让生活和工作产生游戏化的感觉，那么我们也可以从目标、规则、变化和投入这四个方面去努力。"

其他两位魔法师也点头说："非常认同！"

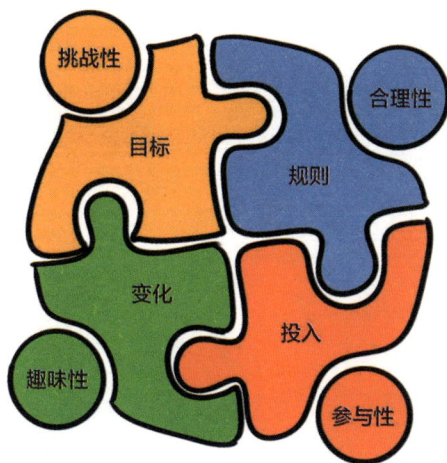

第三章

MOKA口袋卡片屋
——一个MOKA卡片游戏的开发过程

这时，MOKA口袋大厦晃动着，只见像萤火虫一样的小灯泡在空中闪烁着——魔法师们的卡片被挂在小灯泡上，悬在了空中。这时，MOKA口袋精灵让大家仔细观察并牢牢记住：好的游戏的四个关键要素——目标、规则、变化和投入所包含的重要内容。

只听到叮的一声，口袋精灵轻轻地唤醒了大家并问道："你们到这里来最想学习哪类游戏活动？"

黄色魔法师跳板人立刻分享了自己的痛苦："我从事体验式培训很多年了，做过非常多的体验式活动，我现在遇到的最大痛点就是，大家在活动的现场玩得都挺尽兴的，但是回到工作岗位后一切照旧，并没有什么实质性的改变。我特别期待学习一些跟实际工作和生活挂钩的游戏活动，而不是像蜘蛛网、背摔、蒙眼摆方正这样的体验式活动。我觉得这样的活动虽然很好，但离真实的工作和生活太远。"

蓝色魔法师狩猎人也表示认同："我也期望能学到跟工作和生活联系得更紧密的活动。如果我们学习的游戏不需要太多的道具，我们能够直接和孩子、家人、朋友随时随地玩这种游戏，而且我们在玩的过程中还能增进彼此的感情，那么这该多好！"

红色魔法师星星人说："对，我最喜欢和他人产生连接。如果我们学习的游戏能够加强彼此的深度了解，能让彼此建立更强的信任感，以及使彼此更好地互动和相处，那就太好了！"

黄色魔法师竖起大拇指："同意！"

话音刚落，他们只听见耳边嗖嗖的响声，身体不由自主地悬在空中，眼前只有光影在闪动。"啊……呀……"几声怪叫，四位魔法师被重重地放在了大大的MOKA口袋上。他们惊奇地发现，每个MOKA口袋中都装着各种卡片。他们不约而同地望向MOKA口袋精灵说道："我们这是到哪儿来了？"

口袋精灵望着他们一脸茫然的表情，笑着说："欢迎来到MOKA口袋卡片屋！在这个屋里，你们四位需要在一起讨论，开发出一个MOKA口袋对话型卡片游戏，目的是增进家人、朋友、同事之间的相互了解，创造有意义的深度连接。"

这个游戏开发的任务可把大家给难住了：该怎样设计这样的游戏呢？

星星人首先发言："我们请大家依次做自我介绍吧？"

靶心人说："这太老套了，没有新意。"

跳板人立刻打断了靶心人："我们还是制定一个头脑风暴的规则吧。我们不要评判他人的想法，而要把别人的想法当成跳板，去联想其他的想法。大家觉得怎么样？"

"提醒得好！"星星人说。

狩猎人继续道："我们先把各自的想法写在这些卡片上，然后再一起来分享、讨论如何？这样可能会更高效。"

星星人说："对。写好后，大家可以相互提问和回答，这样思路很快就可以出来了。"

在狩猎人的倡议下，大家都默默地在自己的卡片上写下了设计一款对话型卡片游戏的思路和想法。

靶心人设计的对话型卡片游戏：英雄帖

在大家写完游戏设计思路后，靶心人首先发言："我的卡片游戏出炉了！我设计的对话型卡片游戏很简单，名字叫'英雄帖'。它分为两个步骤：第一步，提出好的开放型问题；第二步，基于他人的回答提出更多跟进型和挖掘型问题。我先试着问你们一个问题，让大家感受一下。我要提出的问题是：如果你们能够拥有一种超能力，那么你们最想拥有哪种超能力？"

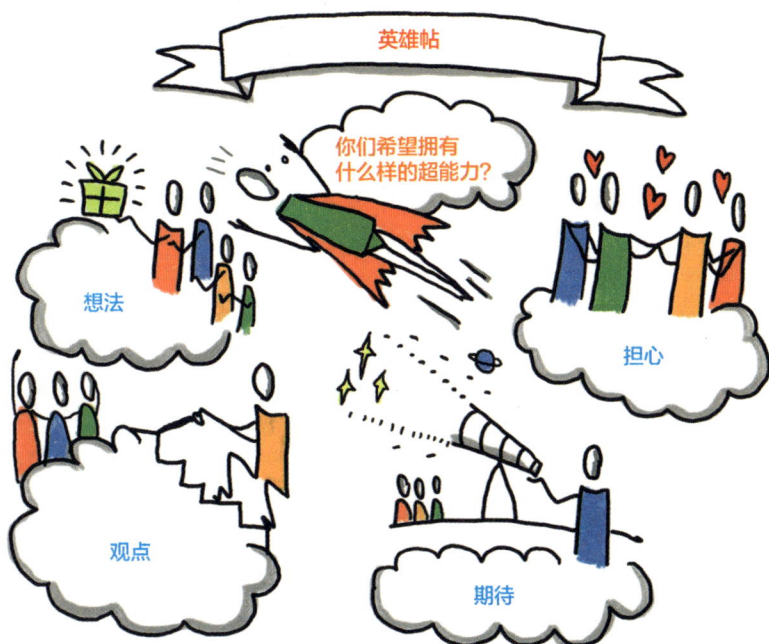

这个问题一问，大家的兴致真的立刻被调动起来了。

星星人说："我最想拥有的超能力是飞翔。有的时候，我在街上走或者在公众场合，我都会想象自己很独特，能够在天空中飞翔。如果我能具备这样的超能力，那么我少活些年也是值得的。哈哈！"

飞翔

靶心人说："我最想拥有的超能力是预知未来。如果我能具备这样的能力，我基本上就不用工作了——我可以通过'天眼'知道未来某只股票的价格而决定今天是否购买。嘿嘿！"

狩猎人说："我最想拥有的超能力是能坐着时光穿梭机回到过去。我小时候过得很苦，如果我能回到过去的某一天改写我的成长脚本，那该多好呀！"

跳板人最后发言："我最想拥有的超能力是读心术。如果我能知道在我面前的任何人的内心在想什么，那该多好。如果我真具备这样的超能力，那么我肯定会成为公司的谈判牛人。"

这个问题瞬间点燃了大家的激情。每个人都无比开心。

跳板人频频点头说："我觉得这个游戏非常棒！一个好问题可以打开彼此的话题，而跟进型问题可以使大家更加深入地了解彼此。刚才星星人说自己想拥有飞翔的能力，我可以向她提问了吗？"

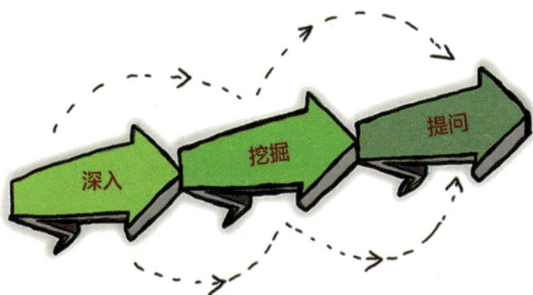

　　此时，大家都很好奇他会提出什么问题。跳板人问道："你想要飞翔，那么我可以理解成你是一个追求自由的人吗？另外，你想要在公众场合飞翔，那么我可以理解成你很需要一个展示自己才华的舞台吗？你想要让大家认可你的能力和才华，对吗？"

　　星星人像是被说中了心思："你的解读真的挺准的。我是一个特别喜欢无拘无束生活的人。在工作中，我很喜欢独立完成任务，而且要按照自己的方式来完成。我讨厌别人管束我。"

　　这个时候，跳板人也开始向星星人发问了："那你觉得你目前的工作状态是被捆上了手脚，还是有了飞翔的感觉呢？"

　　星星人回答道："虽然我现在已经是大公司的人力资源总监了，但是我现在最担心和老板开会。一开会，好多条条框框就会出现，而我的好多做法都不能按照自己的想法来推进。我得照顾到很多不同利益相关方的感受，所以我特别希望自己在激励下属的时候，可以给他们更多自由发挥的空间。我觉得我无法改变我的老板，但我可以让自己成为给下属带来飞翔感觉的老板，让他们有更自由的成长空间。"

　　靶心人忍不住说："啊！这种体验太棒了。一个好的问题能够瞬间让所有人提起兴趣。跟进型问题能够让我们了解更多的信息。我现在对星星人在公司的处境以及星星人的性格和渴望都有了更深的了解。在开会、聚会、团建时，我可以把这类开放型的高质量问题抛出来，让大家一起聊，接下来则可以通过彼此进一步的询问与探索了解对方内心深处的想法、观点、主张、担心、期待与渴望。你们觉得我这样的设计思路怎么样？"

　　"好！"大家回应道。

　　好问题能够激发大家的兴趣，让参与者想要积极地回应。

好问题能激发
大家参与的兴趣

狩猎人设计的对话型卡片游戏：拼图墙

　　接下来，狩猎人开始分享自己的创意了："我也想到了一个让大家深入了解的好问题。"她拿出自己写过的卡片，卡片上面画着一排排工工整整的格子，横向格子里写上了团队成员的名字，纵向格子是大家相互了解的开放型问题（比如我最喜欢的游戏、我最喜欢的地方、我最有趣的一段经历等）。

拼图墙

我最喜欢的游戏

我最喜欢的地方

我最有趣的一段经历

我第一次出去旅行

我会做的家常菜

我最擅长的一项技能

　　大家不约而同地赞叹："真棒！你可以把格子转化成一面拼图墙，这样视觉化的效果会更棒。在公司年会、朋友聚会、团队建设时，这面拼图墙一下就可以吸引大家的好奇心。这里最重要的就是，提出好问题让大家打开话题。"

　　狩猎人说："对。如果问题问得好，大家就都很愿意回答。"

　　"那什么是好问题呢？好问题的标准该怎样定义呢？"有人问道。

"好问题应该是开放型问题吧！""好问题应该能够让大家踊跃发言，大家一听就有欲望想要回答吧！刚刚那个关于超能力的问题就是一个超棒的问题。""好问题能够让我们打开话匣子，深度了解他人冰山下的东西。""好问题能够引发大家思考，让大家看到新的可能性。"就这样，大家对好问题的标准也进行了梳理，并为之兴奋不已。

开放型好问题能让大家打开话题、思考、深度了解、发现新的可能

跳板人设计的对话型卡片游戏：影子接龙

接下来，轮到跳板人分享自己的卡片游戏思路了："我设计的

这个卡片游戏叫'影子接龙'。我会给大家准备一些视觉图片。每个人从这些图片中挑选一张自己最喜欢的，通过图片来讲述一段自己的人生故事。每个人在讲完故事后，可以当场指定几位参与者把故事的主要情节即兴表演出来。这样，每个人的故事都可以被听到、被看到。"

"那为什么叫影子接龙呢？"有人好奇地问道。

"因为我们的故事就是我们的影子，影子可以消失，也可以一直跟着我们，关键看我们如何选择。被聆听、被看到，我们就可以被疗愈。接龙的意思就是，我们每个人都需要进行分享，共同打造一个属于我们自己的故事场域。"

靶心人拍手说道："啊！真的好期待看到这样的游戏。我的直觉告诉我，这个游戏可以透过故事表演进入很深的状态。以后，我们公司在举办年会或者进行项目复盘的时候，都可以玩这个游戏了，这比请明星来唱歌、跳舞有趣多了。"

"我们在进行团队聚会的时候，也不用总是吃饭或者唱歌了，可以玩这样的游戏。"狩猎人补充道。

星星人设计的对话型卡片游戏：表情碰碰碰

最后，轮到星星人分享自己的创意了。她激动地拍着脑门说："开始我真没有什么思路，但你们刚刚的分享也启发了我。我最头痛的就是无法让大家在会议上迅速破冰和暖场。刚刚在听跳板人说视觉图片时，我就立刻想到了情绪图片。所以，我把我刚刚想到的卡片游戏叫作'表情碰碰碰'。操作也很简单，在开会的时候，每个人都要从一堆表情卡片中挑选最符合自己此刻心情的卡片，然后说出自己此刻的心情以及为什么会有现在的心情。这些情绪卡片可以让大家在会前轻松暖场、活跃氛围。你们觉得怎么样？"

集体智慧：互诉衷肠对话型卡片游戏的出炉

跳板人说："太有趣了！我们不仅可以在会议上、家里，也可以在培训课上，用这样的卡片游戏帮助培训师快速了解学员的状态和心情。我很好奇，不知道各位有没有发现我们四个人设计的卡片游戏有一个共同点？"

"是什么？"有人问。

"都是通过提问或者图片等隐喻的方式来调动参与者的好奇心和参与感，从而营造一个想要分享的场域。"跳板人回答。

"总结得真好！"大家回应道。

跳板人继续说道："我提议，我们可以把这四个游戏融合在一起，设计一个可以增进相互了解和彼此连接的卡片游戏，名字就叫'互诉衷肠'吧！因为这四个游戏都是通过卡片上的问题或者图片来制造话题，从而增进大家的感情的。"

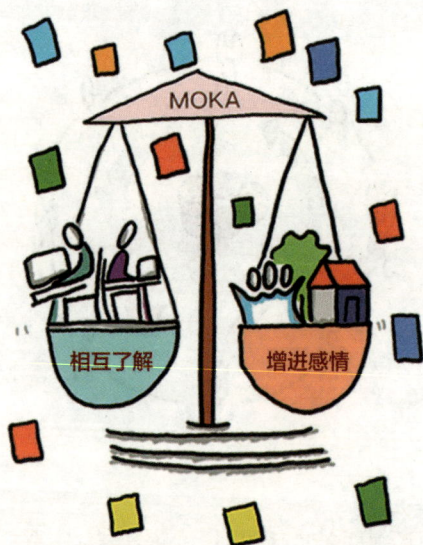

靶心人说："对，我建议每个旅行社的导游也都准备一套这样的游戏卡片。我发现，每次跟团游结束后，我对团友都不了解。因为没有任何帮助团友打开话题的工具，所以整个旅程都挺无聊的，即使风景很不错。"

狩猎人立刻补充道："我觉得每个团队领导者也都需要这样的游戏卡片。团队成员可以定期一起玩，不断相互了解，深入增进感情，这是超棒的团建工具！不过，我们还需要确定游戏规则。那么，怎么建设游戏规则呢？"

还没有等大家回答，靶心人抢话说："我们还没有确定游戏的目标呢！我们应该先讨论游戏目标，再讨论规则。"

"好。"所有人都同意。就这样，经过一番激烈的讨论，"互诉衷肠"游戏的目标和规则出炉了。

互诉衷肠

游戏名称：互诉衷肠

游戏目标：增进家人、朋友、团队成员的深度了解

运用场景：家人聚会、朋友聚会、团队聚会、培训、旅游、开会

时　　间：三十分钟至两个小时

游戏形式：英雄帖、拼图墙、影子接龙、表情碰碰碰

游戏规则：

- 坦诚表达，认真聆听，不评判
- 每人抽卡发言不超过五分钟
- 每个人的想法都值得被尊重

大家在把游戏规则梳理出来后，都兴奋地跳了起来。这个时候，跳板人问了一个问题："我们该在这个游戏活动中添加什么元素让这个游戏具有更多的变化性呢？"

靠心人说："我出个主意吧！当别人说得很棒并且你有被启发和感悟的时候，你要表达感谢，你可以给发言人一颗糖果。对，就用糖果。我觉得在游戏开始的时候，游戏带领者可以给每个人发五颗糖果。谁的发言打动你，你就可以给谁发糖果。"

"我也来说说看。"星星人说，"我觉得我们不一定要先依次抽卡，我们可以在玩这个游戏前准备一个色子。在大家掷完色子后，点数最大的人来抽卡，抽完一张就可以回答这张卡片上的问题。这样就等于把掷色子这个好玩的破冰游戏和这个问题卡片游戏连在一起，能够增加游戏中的很多能量。"

狩猎人也突然想到一个好点子，她说："我觉得我们可以在最后增加一轮——每个人可以想想有没有自己觉得很棒的问题需要问，而这些问题并不在这些问题卡片里面。"

跳板人发出了惊叹："你们是我今生见过的最有创意的人了，我爱你们。"被跳板人这样一赞美，大家激动得抱在了一起。

"现在游戏有了很多的变化性，那么，这个游戏该怎么让大家全情投入呢？有没有什么好点子呢？亲爱的跳板人，你的点子最多了，你先来贡献个想法吧！"星星人在这个时候憋不住了，急切地询问大家。

这个游戏怎么
让人全情投入？

"那我开动脑筋好好想想吧！有了。"跳板人像一休哥一样用手在脑门上比画着。

"快说呀！别卖关子了！"星星人说。

"我的想法是，在一开始创造神秘感。建议买一束香，最好用檀香。蜡烛，对了，点上蜡烛也很有感觉。还可以在桌子中间摆放一些神秘道具，一件跟工作有关的道具，如笔记本；一件跟生活有关的道具，如老照片或者酱油瓶；一件跟轻松话题有关的道具，如水晶球。大家一进屋子，一定会对桌子上的东西产生好奇心。有了好奇心，大家就会投入了……"

狩猎人补充道："我还建议买个能够发出延绵不绝回声的铃铛，游戏带领者通过摇铃铛的方式来开场和结尾，从而创造出一种仪式感。"

"最后可以增加个相互拥抱的环节，大家拥抱的同时一定要播放令人感动的歌曲。"跳板人兴奋地说。

听完这话，大家哈哈大笑。跳板人不愧是做活动出身的高手，大家向他竖起了大拇指。

此时，口袋精灵也被大家的热情和创造力感染了，笑着说："你们在'互诉衷肠'这个游戏的设计中，运用了体验式游戏活动的目标、规则、变化和投入四个核心要素，创造出了帮助人与人之间产生深度连接的 MOKA 口袋卡片游戏。真的很棒，祝贺各位！"

　　"原来我们可以用游戏的四个要素来设计属于自己的游戏活动呀！"四位魔法师若有所悟。在领悟到口袋精灵的良苦用心后，大家都双手合十向精灵表达了深深的谢意。同时，四位魔法师也体会到了自己身上的创造力原来可以创造如此有趣的游戏。

第四章

MOKA口袋精灵岛
——游戏对话流

　　当四位魔法师准备把他们画好的MOKA游戏卡片递给MOKA口袋精灵时，像萤火虫一样的灯泡一闪一闪地飞过来把卡片悬在了空中。每位魔法师想要抓住空中的卡片，卡片却嗖的一下不见了。这时，空中突然出现了一个大大的MOKA魔法箱，而MOKA口袋精灵也消失不见了。MOKA魔法箱停在空中，只见箱子一点点变大，突然打开了，俯冲到了魔法师们的脚下。

　　四位魔法师就被MOKA魔法箱带到了这个他们梦寐以求的充满神秘色彩的MOKA口袋精灵岛上，他们简直不敢相信自己的眼睛。

荒岛寻梦

　　传说中的这个充满鸟语花香和拥有各种神奇魔力的幸福奇幻岛，竟然是个荒岛！岛上什么也没有，除了这个把他们带到这里来的MOKA魔法箱。

　　"这不可能是那个传说中能给人带来幸福、快乐的精灵岛，一定是这个魔法箱把我们带错了地方！"红色魔法师徐星失望地说。

　　"对！这样一个荒岛哪里有什么幸福、快乐可言，我们在这里待几天就会渴死、饿死。"黄色魔法师吴强也跟着说。

　　"我们从MOKA口袋大厦到MOKA卡片屋，现在又来到这样一个荒岛，太不可思议了，而且MOKA口袋精灵也消失不见了，我们还能找到什么幸福、快乐呀！"蓝色魔法师秦莉难过地抱怨道。

　　绿色魔法师羽飞说："我们还是一起来想想办法怎么在夜晚到来之前离开这个荒岛吧！说实话，我也觉得我们不是来找快乐的，而是来找罪受的。"

　　四位魔法师你一言我一语地埋怨着，黑夜不知不觉地降临了。他们翻来覆去地找遍了MOKA魔法箱的每个角落，都没有发现任何钥匙或开关可以启动这个魔法箱，从而带他们离开这个一无所有的荒岛。

荒岛特别安静，大家只能听到海浪声和彼此的呼吸声。环顾四周，海浪一浪接一浪冲刷着海岸。他们从未这样安静地听过自然界和自己内心的声音，也从未如此聆听彼此的呼吸声……他们在喧闹的都市里待得太久开始从浮躁的抱怨中停下来并享受这一刻内心的平静和充实。慢慢地，倦意涌向每个人。他们不住地打起哈欠，渐渐地靠在MOKA魔法箱上进入了梦乡。

这一夜，秦莉梦见雨一直哗哗地下。她一个人在雨中，撑着伞，拖着重重的魔法箱，艰难地前行。她感到无比地冰冷和孤独。雨水一滴一滴地打在泥泞的地上，就像打在她的心里。那个妈妈拖着行李箱、打着伞离开她就再也没回来的雨夜，让她痛得看不见前方。这时一双温暖的小手拉着她的手，对她说："妈妈，我的梦想就是发明一种会飞的游戏口袋，把妈妈的烦恼和忧愁统统吸走，再变出各种好玩的游戏让妈妈开心，让我每天都能看到妈妈灿烂的笑容！"在梦中，她不住地点头并拉着儿子的手说："宝贝，妈妈相信你的梦想会成真。"

这一夜，每位魔法师都在梦中寻找自己来时的梦想，他们渴望找到那把打开幸福快乐魔法箱的钥匙。

神奇的MOKA口袋汤

一觉醒来，大家都感觉饿了。只见不远处，一圈石头围住了一团篝火，篝火上还架起了一口大锅，锅里冒着热气。是有人在他们熟睡时给他们做了早餐吗？那会是谁在这个荒岛上呢？

星星人喊着:"有人吗?你是谁?"

却只听见回音,没人回应。

靶心人指指大锅说:"看看里面是什么?是给我们做的早餐吗?"

跳板人过去一看,傻眼了:"这锅里除了水什么都没有呀!"每位魔法师都好奇地走向这口锅。

这时,远方飘来一张卡片,上面好像写着字。跳板人抓住卡片仔细读道:"这是一口可以帮你变出美味食物的分享锅,请闭上眼睛回想一个你人生中的重要转折点或者难忘时刻,抑或你很想要感谢的人,请与大家分享。通过这段分享,你能让其他伙伴了解你是谁，你为什么会在这里，你要走向何方。当一个人在分享的时候，其他伙伴需要用心体会对方的感受，用心倾听对方的心声，以及用心感受对方故事背后想要传达的有关这位分享者的信息。其他伙伴在听完后，请把分享者所表达的信息用一道菜、一个水果、一杯饮料的方式画出来以呈现自己的理解。"

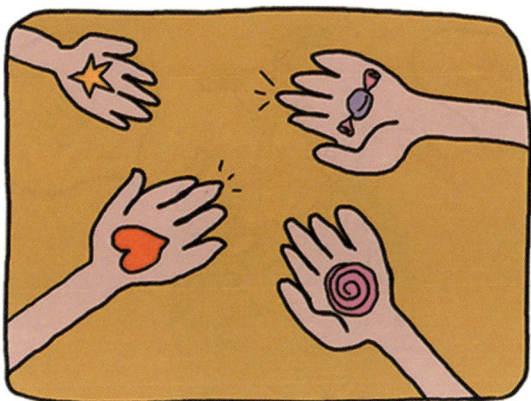

靶心人首先发言："这是一个很好的练习。我们都在一起好多天了，但是还不是特别了解彼此的过去和经历。这是一个能够帮助我们深度连接的活动，大家用心体验吧！我想就由我开始吧！"

所有的小伙伴都点头默许，并且怀着强烈的好奇心瞪着大眼睛看着靶心人，准备听靶心人的人生故事。靶心人说："我要分享的是我人生的转折点。记得……"

在靶心人分享完自己的故事后，星星人画了一个柠檬，她说："我选择了柠檬，是因为你的故事听起来酸酸的。虽然柠檬酸，但是柠檬富含维生素。虽然这是一段被打击的经历，但是我却能体会到故事背后的坚强和觉醒。你并没有在这段挫败的人生经历中沉沦下去，而是把它作为人生的营养素，让自己重新出发。感谢你的分享，它让我看到了坚强而又有觉察力的你。"

星星人刚刚表达完自己的感慨，一个柠檬突然掉入了锅内。"我们有食物了！"大家欢呼雀跃着。

"我来，我来。"这时跳板人迫不及待了，"我本来画了一根苦瓜，但现在我想要换成鸡汤。"听到这话，大家捧腹大笑，都好奇地等待着看跳板人如何圆场。

跳板人说："听完靶心人的故事分享，我很感动。我从你的故事中听到了人生五味，我最欣赏的就是你笑对人生挫折的态度。你的分享让我觉得你很有正能量，能够面对逆境，能够重新出发。你的故事就像'心灵鸡汤'，给我们每个人注入营养。这下我选择鸡汤，大家该知道原因了吧！"

跳板人的话还没有说完，一大碗鸡汤就从天而降，缓缓地落到了锅内。

在这样的氛围中，每个人都迫不及待地分享着自己的故事，聆听着他人的故事，并把自己的理解画成了菜、水果和饮料。每个人在分享的时候都忘记了时间。想要分享、想要聆听、想要连接的欲望被激发了出来。四个人仿佛觉得被凝聚在了一起，不分彼此。那些感动、真诚让大家忘记了一切。

就这样，在倾诉与倾听的过程中，每个人都得到了滋养，每个人都觉得心与心更加靠近。这就是传说中的会带给人爱的味道的MOKA 口袋分享锅吗？

口袋精灵出现了："你们喜欢这个练习吗？"

"喜欢！喜欢！太喜欢了！"大家回应道，"我们太幸运了！我们品尝到了最美味的MOKA口袋汤！我们在对话中聆听与支持了他人，更加滋养了自己。"

"我觉得好神奇，用心聆听别人的故事比喝鸡汤更能激励自己。"跳板人说。这是这一天里大家收到的最神奇的、最美好的爱的礼物。大家隐隐约约地感受到了深度对话场域的魔力。每个人都有所体验，却都不明白为什么用心对话能够带来如此神奇的效果。

口袋精灵也被大家的热情和感慨感染了，笑着问："在MOKA口袋汤任务中，让你们愿意真诚表达、用心聆听的核心影响因素是什么？"

跳板人说："核心影响因素是彼此是否有信任感。"

星星人说："还有就是大家是否意愿敞开心扉、愿意了解对方。"

靶心人说："核心影响因素是彼此是否可以进入对话状态。"

最神奇、最美好的爱的礼物

对话流及其价值

口袋精灵听了点点头说："你们刚才在MOKA口袋汤任务中就进入了人与人交流最美妙的对话流状态。当对话进入流动的状态时，那会是一种很美妙的谈话体验。对话流状态中的每一个人都好像被点燃了，他们会进入一种专注、兴奋、激动、喜悦的心流状态。时间在快速飞逝，但大家已经全然忘记了时间的存在。对话的内容在群体中自由地流淌，大家好像在群策群力地共同编织着专属于那个当下的洞见。我们很容易听到他人的真意，很容易叠加彼此的观点，很容易发现个中见地，很容易觉察与洞察自我与他人，很容易收获感悟与启发，也很容易获得群体智慧。对话之后，我们还意犹未尽、不舍离开，仿佛被赋能。我们带着能量和喜悦期待下一次对话的来临。"口袋精灵对对话流的总结如此精妙，大家都不住地点头表示认同。大家确实进入了口袋精灵所描述的那种美妙状态。

星星人说："听起来，对话流真是太美妙了。如果我们能通过努力经常创造出对话流，那么这真是太神奇了。我的记忆中几乎没有出现过这样的场景，所以这是我们特别渴望得到的。那对话流有什么价值呢？"

口袋精灵说："对话流的价值就在于，一旦对话流发生，谈话者就很容易进入巅峰体验、连接体验、心流体验和惊喜体验。对话流让人生中的重要时刻变得更难忘、更有趣、更有意义和更有价值。"

对话流的应用场景

跳板人此时好奇地问："哪些时刻算是人生中的重要时刻呢？"

口袋精灵说："你们想想，在哪些时刻，你们很在意并想要创造高质量的谈话氛围？"

跳板人和其他魔法师伙伴一起聊起来，最后总结出了三类时刻。

- 家人聚会、朋友聚会、同学聚会、公司团建、文化建设与客户联谊等场景。
- 一些特殊的日子，如生日、结婚纪念日、庆祝日、复盘日等。
- 那些对彼此成长有帮助的谈话场景，那些可能破坏彼此关系的谈话场景，以及那些可能产生激烈情绪的谈话场景，等等。

如何创造对话流

狩猎人此时好奇地问："对话流如此美妙，那我们该如何在对话型游戏中创造对话流呢？"

如何创造对话流？

　　狩猎人像是说中了大家的心思，其他魔法师都不住地点头。口袋精灵并没有直接回答这个问题，而是反问大家："你们想想看，要创造神奇的对话流状态，可以从哪些角度入手呢？"

　　星星人像是很开悟的样子："我觉得肯定得跟游戏活动本身有关。如果一个游戏是有挑战性的或者是有意义的，游戏规则合理且清晰，大家就会对游戏保持着强烈的好奇心，从而比较容易进入对话流。"

　　口袋精灵看来对此回答很认可，笑眯眯地点头称是。

　　靶心人接着说："我觉得游戏师的状态也很重要。因为他是游戏活动的带领者。那么，游戏师应该保持什么样的状态才能对进入对话流有帮助呢？我能想到的应该是认真聆听和鼓励所有参与者。"

口袋精灵鼓励靶心人:"你要不要说说怎样才能聆听和鼓励参与者呢?"

"有目光接触,点头,身体前倾,有语言上的回应,多问问题,复述对方的讲话。"靶心人回答道。

"我也来补充一下吧!我觉得游戏师还得倒空自己,在听的过程中保持好奇心,不要用自己的经验和价值观去评判他人的发言。"跳板人说。

此时,口袋精灵也补充道:"你们讲得非常好。在我们精灵岛上,每一位精灵都在修炼四耳聆听术。这是我们多年总结的有关游戏魔法师的基本功。"

"四耳聆听术?从来没有听说过呀!"魔法师们的好奇心一下子被激发了出来。

"游戏师需要用四只耳朵来聆听参与者的发言。第一只耳朵要听发言者所表达的意思,包括听到的意思及对方真实想要表达的背后的意思。第二只耳朵要听情绪和感受,这样游戏师就有机会表达同理心,在情绪上与对方共情。第三只耳朵要听对方的假设和信念。第四只耳朵要听对方的意图和需求。"口袋精灵说。

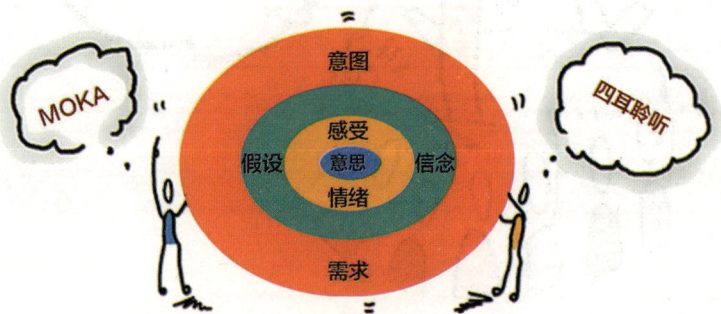

　　"太神奇了，但我没有能够理解到位，你能不能再多讲一点？"狩猎人一头雾水。

　　"好吧！我再多讲一点。在第一只耳朵听意思的时候，大家要做到两个区分，区分表面意思和真实意思，区分观点与事实。举个例子，当一位参与者用低沉的声音说'我觉得他对我经常不尊重，但这事我现在也无所谓了'的时候，你们能听到些什么？"

　　"我能听到其实他还挺在意的。这应该是他真实的意思吧！"星星人说。

　　"非常好，你区分开了表面意思和真实意思。那大家如何区分观点和事实呢？刚刚那位参与者表述的是自己的观点还是事实呢？"口袋精灵问道。

　　"观点。"大家回应道。

　　"如果他表述的是观点，游戏师就可以通过提问来挖掘更多的事实了。这样做能够让参与者看到更多的真相。那么，你们可以通过怎样的提问去挖掘事实和真相呢？"口袋精灵问。

"你说他经常对你不尊重，具体表现在哪些地方呢？能举几个例子吗？你所说的'经常'的频率是怎样的呢？"星星人回应口袋精灵。

"非常好。大家看到这样聆听和提问的价值了吗？"口袋精灵问。

"这样做能够提升对方的自我觉察能力，让对方更加客观地看到事实与真相。"星星人兴奋地说。

"在第二只耳朵听情绪和感受的时候，游戏师也要做到两点。第一是识别对方情绪并给对方的情绪精准命名，第二是挖掘情绪背后的数据。举个例子，当你们看到我作为游戏参与者皱着眉头说'我觉得他不应该这样跟我讲话'时，身为游戏师的你们该怎样回应呢？跳板人，你能不能回应我一下呢？你要如何表达同理心以及挖掘情绪背后的数据呢？"被口袋精灵这样一问，跳板人愣住了，半天也不知道如何回应。

狩猎人忍不住了："我来试试吧！听得出你很沮丧，也很有挫败感。你能告诉我发生了什么吗？为什么你会这样表达呢？"

狩猎人的表达显然跟口袋精灵产生了共情。口袋精灵不住地点头："对了。狩猎人在听情绪方面就做到了刚刚我讲的两点，即命名情绪和挖掘情绪背后的数据。"

大家恍然大悟，原来还可以这样在情绪层面与谈话者沟通。

"第三只耳朵要听假设和信念。我还是不懂这句话的意思，你能给我们讲讲吗？"星星人好奇地问。

"我再举个例子。如果我说'凭什么他被评选为优秀员工？我的业绩比他还好呢！'，那么你们能听出来我的假设和我相信的东西吗？"口袋精灵问大家。

　　"我知道。如果你这样表达的话，那么你认为业绩好的员工应该被评为优秀员工。这是你的假设，是你相信的东西，但不一定是他人的评选标准。对吧？"靶心人抢着说。

　　"你好棒。如果我们作为魔法师这样回应对方，我们就能让对方看到自己思维的盲点和误区，从而让对方进行自我觉察。"跳板人回应道。

看到盲点和误区，
进行自我觉察

　　"没想到聆听还有这么多学问。口袋精灵，赶快跟我们分享一下最后一只耳朵如何听意图和需求吧。"星星人已经迫不及待了。

　　"人们在分享自己的经历的时候，大多会停留在事件层面和自己的感受层面。因此，很多时候，参与者本人并不清楚他们究竟想要什么。如果要让谈话进入实质阶段，那么身为游戏师的你们要能够听到对方的意图，帮助对方进入谈话的实质阶段。比如，你可以这样讲：'我觉得你很想解决这个问题，那你要不要讲讲你为此都做了哪些事情。'"口袋精灵继续分享。

　　"我们还可以帮助对方就他的意图做总结，比如：'你看看我的总结是否正确，你其实是想要……如果是这样的话，那么我们可以花些时间来聊聊该怎么办。'这样我们就可以把对方带到下一个谈话阶段了，而不用总是停留在倒苦水阶段！"星星人感慨道。

　　"还是请狩猎人来总结一下吧！她的总结每次都很到位。"口袋精灵说。

　　"好吧！我试试看。身为游戏魔法师，我们需要用四耳聆听术来聆听和鼓励参与者。四耳聆听术是一个好的魔法师修炼自己聆听的工具。大家可以从四个方向上努力：第一只耳朵要听游戏参与者表达的意思，要区分表面意思与真实意思，要区分观点与事实；第二只耳朵要听游戏参与者的情绪与感受，要精准命名对方的情绪及挖掘情绪背后的数据；第三只耳朵要能听出对方做了什么假设、判断和臆想；第四只耳朵要能听出对方的意图和需求。我最后补充一下，游戏魔法师的聆听能力是我们的基本功，有助于我们听到群体交流场域中的各种声音。我们只有听到、听懂，才能有效回应，才能精准介入，才能有机会快速、高效地创造群体交流的对话流。你们觉得我总结得如何？"狩猎人得意地说。

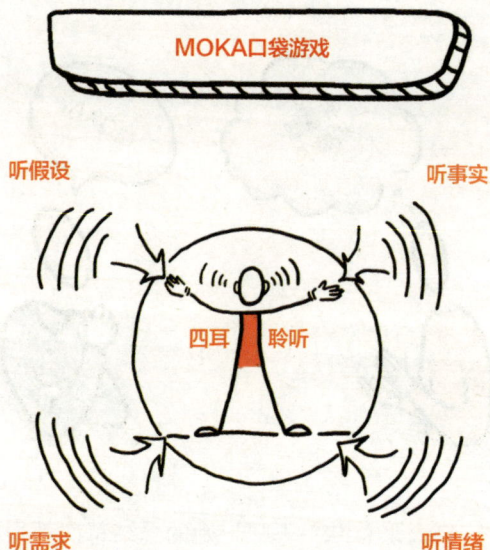

"我听得出来，你的意图是想要求夸奖。你真的有超水平的总结能力，佩服！"星星人回应道。狩猎人被说中，开心得手舞足蹈。

口袋精灵让大家安静下来："游戏师的状态确实能够帮助参与者快速进入对话流。你们刚刚谈到了游戏师需要聆听与鼓励，我再补充一下，游戏师要想有状态，还需要做到接纳与欣赏。你们认同吗？"大家纷纷点头称是。

"目前，我们要进入对话流需要两个要素。第一个要素是有关游戏本身的，游戏需要有挑战和意义，游戏规则需要合理、清晰；第二个要素是有关游戏师的，游戏师需要聆听、鼓励、接纳、欣赏参与者。大家还能不能想到其他要素？如果你们能够再做到第三个要素的话，对话流就能够很快形成了。"口袋精灵又开始发问了。

这可把大家难住了。大家思考了很长时间，没有一个人能够回答。口袋精灵让大家想想在MOKA口袋汤任务中大家是如何进入对话流状态的。靶心人突然灵光一现，大声高呼："我知道了，是我们彼此的关系。"

口袋精灵微笑着点头："这也是我们大家所营造的场域。我们彼此之间的关系是安全的、开放的、信任的、相互支持的，也是愿意放下自己用心聆听他人讲话的。"

口袋精灵继续说："这就到了对话流产生的第三大核心要素了，即游戏场域。大家要不要集体讨论一下，如何营造信任、安全、开放和彼此支持的温暖场域呢？"

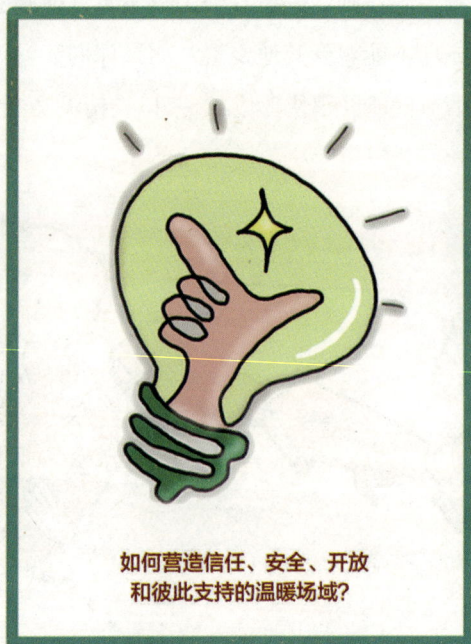

如何营造信任、安全、开放
和彼此支持的温暖场域？

这个话题显然是大家感兴趣的，很快大家便有了讨论结果。

- 运用灯光、音乐、蜡烛、圣诞树等道具营造温馨氛围。
- 在对话型游戏开始前进行铺垫，比如游戏师的引导话术——讲解清楚此活动的目的及可以带来的价值。
- 在一个正式的对话型游戏开始前让大家迅速热身、连接与打开，进行破冰与暖场活动。
- 让大家讲出自己担心的事，通过现场制定相应的游戏规则来消除大家的担心。

■ 可以设计一些仪式化的步骤，提升参与者的好奇心。

　　这时，四位魔法师的激情好像被点燃了，个个充满能量。星星人最后说："我有一种全身经络被打通的感觉，真的好兴奋。对话流的产生原来来自三个方向，即游戏师状态、游戏玩法和游戏场域。这是我们魔法游戏师可以永远努力的三个方向。"

　　四位魔法师对精灵岛上的MOKA口袋汤练习所带来的启发和总结，以及对话型游戏的对话流，感受至深。大家同时对下一个旅程的探索满怀期待。

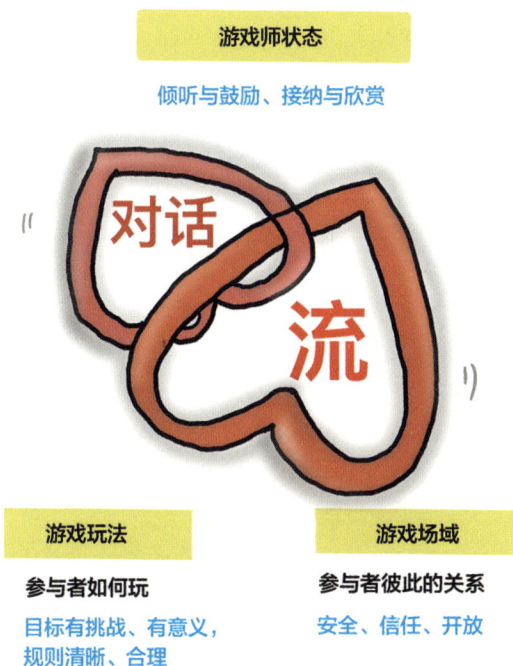

游戏师状态

倾听与鼓励、接纳与欣赏

对话流

游戏玩法

参与者如何玩

目标有挑战、有意义，
规则清晰、合理

游戏场域

参与者彼此的关系

安全、信任、开放

第五章

精灵岛的秘密花园
——魔法游戏师的蜕变

时间一分一秒地过去了，但没有人察觉时间的流逝，这时已到了中午时分。

海的那边是太阳升起和回家的路，海的这边是四位魔法师过来寻找幸福的MOKA精灵岛。岛上没有让人眼花缭乱的繁华，只有这口散发着爱的香浓味道的分享锅，这口分享锅让他们感受到了从未有过的幸福和快乐。原来幸福可以如此简单。

他们一直认为幸福源于房子、车子、票子，认为外在的物质是幸福的唯一来源，所以在生活中忙碌的他们不停地追逐着，想拥有更多、要求更多，但不承想自己忙错了方向。

其实，他们四位魔法师一开始来到这个荒岛时感觉既失望又沮丧。在寂静的星空下，当每个人分享着自己的故事以及用心感受营造出的温馨的对话流时，他们的心中便种下了幸福的种子。原来快乐可以如此简单，你可以在安静的聆听与分享中得到如此多的彼此连接和欣喜体验。

　　这时，口袋精灵取出一张卡片问大家："你们认为游戏是有限的还是无限的？"

游戏是有限的
还是无限的？

　　靶心人立即回答说："当然是有限的。游戏的目的在于在有限的时间内最快达成目标并赢得胜利，游戏之所以好玩就在于它有输赢。在有限的时间内和一定的条件规则下，每个人都想赢，一旦输赢分晓，游戏就结束了，所以游戏是有限的。"

　　狩猎人补充道："是的，其实游戏中的目标和规则划分了游戏的边界。很多时候，游戏是参与者在明确规则下沿着设定好的情节去完成挑战性目标，并一决高下的过程。"

　　跳板人听到这里摇头表示不赞同："你们所说的游戏是有限的，是因为你们是从目标和规则这两个维度去谈的。但从游戏的延展性、变化性来说，游戏是无限的。在游戏中，参与者可以创造无限的可能和无数的连接。玩游戏不仅仅是为了输赢，更重要的是探索各种可能性，让人们从现实的空间跳出到无限的游戏空间中去。"

这时，星星人也不住地点头说："我认同！游戏是可以帮助人与人建立不同连接的。玩游戏最棒的状态不是你输我赢，而是有更多的人想要投入其中，没有人希望这个游戏停止，每个人都希望让这个游戏无限地延续下去。而无限游戏是不需要脚本的，它具有神奇的魔力。在无限游戏中，每个人全然投入地关注当下，对结果保持开放，彼此不断激发出更美好的享受当下的心流状态——就像我们在MOKA分享锅中感受到的状态一样。"

这时口袋精灵笑着说："在你们认识到游戏的有限性与无限性后，你们将会收到新的挑战任务卡。"只见新的任务卡上写着："请设计一个游戏活动来代表你们对快乐的理解。"

这可把大家给难住了。正在大家一筹莫展的时候，口袋精灵带着四位魔法师来到了精灵岛的秘密花园。秘密花园中有一面神奇的镜子。据说，这面镜子能够让人们看到自己成长过程中的那些重要时刻，看到自己过去的样子，看到真实的自己。魔法师们好奇万分。

　　第一个站在镜子面前的是靶心人吴强。当站在镜子面前的时候，吴强看到了从小就是学霸的自己，看到了自己的优越感。他又看到了自己创业的画面，看到了他创业失败、没人愿意跟随他的画面。突然，他看到了一个愤怒的自己，他惊呆了。在镜子中，他看到自己站在一个高高的平台上愤怒地指责下面的人。他看到自己的脸是扭曲的，看到自己的身体在发抖，看到他对别人的挑剔和指责。画面在那一刻静止了。吴强被这个画面刺激得目瞪口呆，他从来没有意识到自己竟然用这样的方式来对待身边的人。当吴强离开镜子的时候，他却笑了，他笑着跟大伙说他知道该设计什么样的游戏活动了。

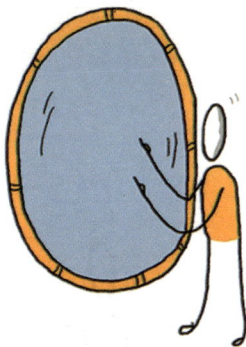

　　第二个站在镜子面前的人是狩猎人秦莉。站在镜子前的那一瞬间，秦莉看到了她的爸爸和妈妈，爸爸和妈妈伸出双臂微笑着想要拥抱她。看到这一幕，秦莉的眼泪夺眶而出。画面转瞬即逝，爸爸和妈妈离婚了，妈妈抛弃了她，爸爸再婚了。镜子中的画面在快速地切换，秦莉早恋、早婚，很早就成了单亲妈妈。镜子中的画面最后定格在一个黑黑的屋子里，秦莉蜷缩在一个角落里，暗自悲伤和哭泣。秦莉从镜子中还看到房间的门是开着的，有一道光射进来，儿子在门外不停地叫着："妈妈，妈妈……"看到这一幕，秦莉忍不住大哭。大家不知道该怎样安慰秦莉，但大家知道秦莉需要时间来接纳和疏导自己，所以大家都默默地陪伴在秦莉的身边。哭了一会儿，秦莉慢慢安静了下来。当她擦干眼泪的时候，大家看到一道神奇的光照在了秦莉的身上。秦莉面带微笑，像是换了个人似的。秦莉在内心感谢口袋精灵，感谢口袋精灵让她有机会认清真实的自己。同时，秦莉也在心中默默地化解了内心的纠结和痛苦。她决定从此刻开始真正接纳过去的自己，接纳那个躲在角落里孤独害怕的自己。为了孩子，她决定放下恐惧、放下焦虑、放下对妈妈的怨恨、放下对生活的无奈。为了孩子，也为了自己，她要活出不一样的人生状态。秦莉面带微笑地告诉大家，她要做的游戏活动叫"放下"。

接下来，跳板人羽飞走到了镜子面前。羽飞忐忑不安，他不知道会看到一个怎样的自己，但又满怀好奇。吴强拍了拍羽飞的肩膀，鼓励羽飞去照镜子。当站到镜子前面的时候，羽飞看到了他在工作场景中的一些经典画面。他看到自己在支撑学员做背摔的体验式活动，每次他接住学员的时候，他都非常开心，并且充满能量。他还看到由于他的鼓励，学员勇敢地越过了断桥，那一刻他的脸上洋溢着幸福的笑容。他还看到学员私下询问他问题，当问题得到解答，学员满意地离开的时候，他的内心充满了满足感。他在镜子中看到那个不仅想带给学员些许启发，更希望能帮助学员发生真正改变的彷徨无措的他。一个个画面不断地转换，仿佛在提醒羽飞什么才是唤起他幸福、快乐的内在动机。画面还没有结束，羽飞就兴奋地跳了起来："我知道自己该设计什么游戏活动了！"

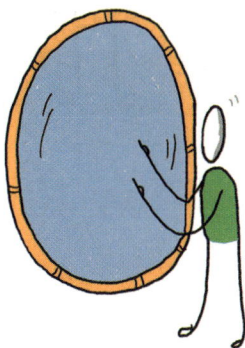

　　最后一个走到镜子面前的是星星人徐星。当看到镜子中的自己的时候，她也被惊呆了。她看到自己戴着厚厚的盔甲，艰难地往前挪动。画面一转，她又看到一根绳子把自己的手脚给绑住了，她很想挣脱，但尝试了几下，最终还是放弃了。她看着镜子中的自己，脸上是无助、茫然和沮丧。想到自己在公司有很多想法，却无法展开手脚去实施，徐星仿佛悟到了什么。正在她愣神的时候，镜子中出现了另外的画面。她看到自己的盔甲慢慢地变成了漂亮的裙子，绳子松开了她的手脚，她可以自由地走动了。由内而外的喜悦突然浮现在徐星的脸上。徐星同样兴奋不已："太神奇了，本来这次来精灵岛是为了学习做游戏的，但我现在找到了真正的自己，感谢口袋精灵，感谢大家的陪伴和支持。我知道自己要设计的游戏活动了，名字我都想好了，就叫'卸掉盔甲'。"

此刻，四位魔法师个个充满能量和喜悦，因为他们都在这次的精灵岛之旅中找到了自我。原来这是一次学习成长之旅，更是一次自我发现之旅。

魔法师们个个神采飞扬，充满能量与活力。通过和口袋精灵一次次的对话与碰撞，他们更深刻地了解了游戏的内涵，不再认为带人做游戏仅仅是玩耍和娱乐，而是要赋予游戏新的色彩、认知和价值。这条路任重而道远，但大家都已经在路上了。四位魔法师很快就开发出了属于自己的"快乐"游戏。

今天，魔法师们兴高采烈，他们要跟MOKA口袋精灵一起，用他们设计的"快乐"游戏点亮精灵岛，让精灵岛充满欢声笑语，让今天成为难忘的一天！精灵岛被四位魔法师装点成了四个游戏岛：感恩岛、放下岛、意义岛和盔甲岛。每个岛都由一位魔法师带领精灵们玩游戏。

感恩岛

当知道这是给他们准备的游戏时，精灵们都雀跃地飞向了四个游戏岛。他们身穿花衣头戴花帽，就像过狂欢节一样，欢声笑语，一路高歌。很快他们就集体选择来到了感恩岛。靶心人吴强在这里已经等候大家多时，并且用树叶和鲜花精心装扮了感恩岛。吴强让大家安静下来后，就开始宣布游戏规则了。精灵们需要在这个游戏中尽量找到曾经帮助过自己的人，向他们表示感激与欣赏，并且需要说出曾经发生过的哪些事情值得被感激，或者欣赏对方身上的哪些品质。

精灵们开始行动了，他们带着感恩的心彼此接触，相互表达欣赏与感激。整个小岛上充满着温馨与感动。精灵们手拉着手，觉得心与心更加接近。他们相互拥抱，感受着彼此的温暖。

在游戏快要结束的时候，精灵们用魔法棒轻轻一点，就把吴强装点小岛的树叶和鲜花变成了一张张树叶形状的卡片。卡片正面写着快乐来自感恩、欣赏、认可、付出、贡献、赞美、肯定、相信……卡片背面写着痛苦来自抱怨、指责、批判、否定、索取……

接下来，每个精灵都选了一张树叶卡片，讲述了他们用MOKA口袋游戏帮助过的那些从不幸变得快乐的不同人的故事。这些故事让魔法师们感动不已，因为它们就像是在诉说着四位魔法师自己转变的历程。

靶心人吴强激动地说："谢谢你们来参加我的活动，感谢你们在我的活动上增加的新环节，也感谢你们给我机会参加这次旅程。我一开始来这里就是想要拿到打开MOKA幸福魔法箱的钥匙，现在我已经找到了打开快乐幸福之门的钥匙。过去我因为自己是学霸而保持优越感，在创业的过程中又因为自己是老板而高高在上。我看不到他人的努力和贡献，也看不到他人的优点与成绩，我看到的都是他人的缺陷和错误。我对他人的挑剔和指责让我痛苦不堪。这个游戏也是送给我自己最好的礼物。其实，发现幸福、快乐的钥匙就在我们每个人的口袋中，右边的口袋是那些感恩、肯定、接纳与赞美的正能量口袋，左边的口袋是那些埋怨、指责、排斥与憎恶的负能量口袋。过去，我每天都不断给左边的负能量口袋充电，让自己和他人活得压抑和痛苦。从今天开始，我选择给右边的正能量口袋充电，我已经找到了让自己快乐的方式。"

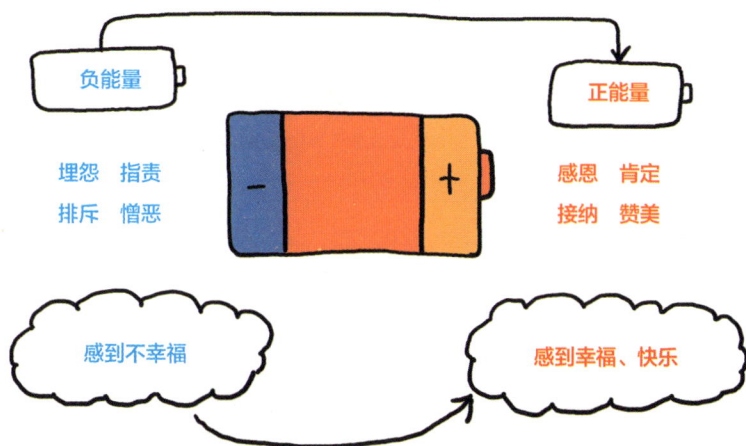

说到这里，吴强给在场的所有精灵深深地鞠了一躬。精灵们用魔法棒轻轻地点了一下吴强，吴强身体震动了一下，晃了晃脑袋，不知道发生了什么。精灵们让吴强摸摸自己的口袋，吴强这才发现自己左边的负能量口袋已经被缝上了。见此一幕，所有人都哈哈大笑起来。大家都跑过来祝贺吴强找到了属于自己的快乐方式。

正能量口袋

放下岛

见到精灵们后，秦莉跟他们一一拥抱，欢迎他们的到来。大家到位后，秦莉很快就进入了主题。秦莉让精灵们三个人为一个小组开始分享，每个人需要分享自己成长经历中的那些重大的负面事件。她举了自己的例子，比如爸妈离婚、自己早恋早婚、自己婚姻失败。精灵们需要说出发生在自己身上的那些对自己一生都有影响的负面事件。

秦莉接着说："接下来，我会给你们每个人发一个大大的口袋。不知道你们是否留意到这个岛上有很多大石头，你们在每说出一个事件后，需要把一块大石头放进你们自己的那个大口袋中。在分享完自己的悲惨故事后，你们需要把装着大石头的袋子背在自己的身上，然后继续听本组其他人的故事。"

当所有精灵都分享完自己的故事后，全场充满了压抑的能量。秦莉邀请所有的人站起来，让他们背着自己的袋子在小岛上行走，他们需要跟见到的每个人打招呼，还需要面带微笑。没过多长时间，所有的精灵都发现自己无法快乐起来，觉得背着这些过去的记忆是一种沉沉的负担和包袱。

其中一个精灵又开始挥动他的魔法棒了。他在空中一挥，就把所有袋子中的石头变成了一件件好听的乐器。对于精灵们来说，音乐是他们再熟悉不过的快乐表达方式了，他们用不同的乐器演奏出了大自然各种美妙的声音。四位魔法师都惊呆了，他们听得如痴如醉！一瞬间，精灵们排成了几排，伴着音乐在空中组成彩虹。一会儿，他们又变换成了彩霞，像是绣在天空中的画卷，时而流动，时而静止……美得让大家惊叹不已！秦莉见状也非常激动，其他几位魔法师也捡起石头打起了节拍。放下岛瞬间变成了欢乐的音乐岛，全场沸腾了起来！每个精灵都在欢乐地歌唱！魔法师们沉醉其中，并且大声宣布："这是我们度过的最美妙的一天！"

经过放下岛的洗礼，狩猎人秦莉已经找到了属于自己的快乐方式。她说："在我来这里之前，儿子送给我一个他做的MOKA游戏口袋，他说如果有什么好玩的一定要放在口袋里带回去给他。我能选几件精灵们的乐器吗？我要把乐器带回去送给儿子，告诉他这是妈妈这辈子收到的最好的礼物。我特别感谢你们让我这个对人生有些悲观和总感觉有些不幸的人，在岛上找到了打开幸福、快乐的钥匙。这把钥匙就是自己，而不是别人。过去，我在家和单位每天不停地抱怨、难过伤心，觉得全世界都欠我的，现在我感到充实、幸福、快乐。我和我的过去和解了，我学会了宽容地看待过去发生的那些负面事件。我决定放下，轻装前行，接纳过去的一切，包括我的父母。我不再活在过去的阴影里，我要迎向阳光生长。这是我来这里之前从未体验到的惊喜，今天是我最幸福、快乐的一天！"精灵们一拥而上，祝贺秦莉。

找到属于自己的快乐方式！

意义岛

接下来，精灵们飞到了意义岛。跳板人羽飞是一个超有能量和激情的人，他带着精灵们在岛上做起了各种高能量的破冰游戏。大家一开始就玩疯了。接下来，羽飞开始讲游戏规则了。精灵们被分成了若干小组，以小组为单位集体行动。每个小组需要在两个小时内用自己觉得最有创意的方式来做对精灵岛最有意义的事情，做法不限、形式不限。

精灵们很快就想到了很多好的点子。在十五分钟内，所有小组都开始行动了。有的小组拿着笤帚和垃圾桶到岛上的每个角落去捡垃圾；有的小组爬到了精灵岛的最高峰，在上面用树枝、木棍和绳子搭建了一个坚实的灯塔；有的小组飞到了精灵岛的老人院，他们迅速地排练了一些小节目，给那里的精灵们带来了欢笑；有的小组组成了动物救援队，在精灵岛寻找那些受伤的小动物，给它们包扎，

并且护送它们到达安全的地方；还有的小组设计了精美的时间赠送卡（卡片上有精灵的名字和他们的专长），得到时间卡的岛民能够得到精灵们在指定时间内的免费服务（包括陪伴精灵小朋友们做游戏，帮助做一顿美味的晚餐，以及到家里给家具进行维护和保养）……

　　每个组的精灵都用自己觉得最好的方式为精灵岛及其岛民创造价值。两个小时的游戏结束了，每个精灵在回到意义岛后，都觉得无比开心。他们因为帮助他人、付出爱心，而体会到了自己的存在感和价值感。在这个游戏中，精灵们深深地体验到爱是需要行动的，而不仅仅是挂在嘴边。做你觉得真正有意义的事情，会让你快乐爆棚。

羽飞在结束环节的发言中是这样讲的："我做了这么多年的拓展游戏，一直认为游戏最大的乐趣在于让人充满好奇心，所以我认为，只有不断的变化才会给人们带来乐趣。但来到这里后我发现，原来快乐不仅来自变化，更来自做你觉得最有意义的事情。这个发现是我在秘密花园的镜子中看到的。在精灵岛学习到的每个游戏以及与精灵们相处的每段时间，我都能感受到快乐，因为我想要不断地提升自己做游戏的能力，给他人带来欢乐。我觉得自己身上的担子很重，因为做游戏是我的工作和志向，通过游戏来传播快乐更是我的使命。"

此时，精灵们用魔法棒一点，羽飞的脖子上就套上了一条美丽的花环。精灵们说："祝贺羽飞，你从精灵岛毕业了！"听到这句话，羽飞在现场跳起了他最喜欢的桑巴舞。其他魔法师和精灵也都一起舞动了起来。

盔甲岛

星星人徐星在盔甲岛已经等候精灵们多时，她希望用心设计的游戏能够让精灵们感受到什么是快乐。精灵们也很好奇，星星人带给大家的会是什么样的体验和理解呢？

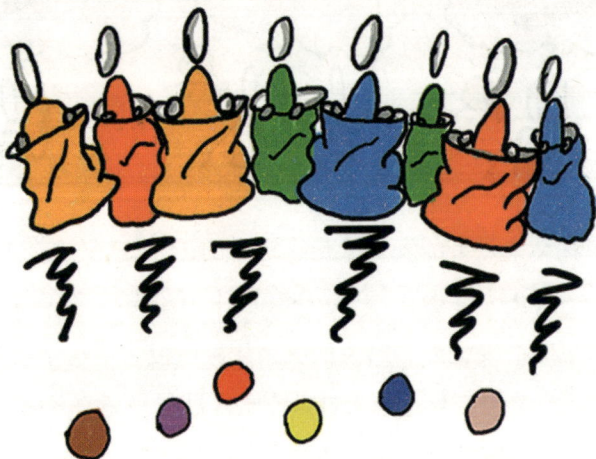

当精灵们汇集到盔甲岛后，徐星开始讲解了："欢迎各位来到盔甲岛，我希望通过这个游戏活动来让大家反思什么是真正的快乐。你们看到我为大家准备的服装和面具了吗？还有各种彩笔和颜料。你们需要在规定的时间内设计出你们眼里最漂亮的面具和盔甲。这些面具和盔甲是你们展示给自己及他人的你们最想成为的样子。"

不一会儿的工夫，精灵们就开始用画笔和颜色装点起自己的面具和盔甲了。有的精灵把自己装扮成了威风凛凛的武士，有的精灵把自己打扮成了威武雄壮的帝王，有的精灵把自己包裹成了美若天仙的花仙子，还有的精灵把自己装扮成了光怪陆离的隐士……所有精灵都戴上了他们精心装点的面具和盔甲，成为他们最想成为的样子。

这个时候徐星说："接下来，你们需要戴着这些面具和盔甲来跟其他精灵接触和交流，并且用自己的审美观点来评判其他精灵的外表，尽量指出其他精灵的问题。"

不一会儿，整个游戏现场乱成一团。大家穿戴着自己最喜欢的装备，满心欢喜地期待着其他精灵对自己的赞美和欣赏。没想到的是，因为游戏的规则是要求大家用自己的审美标准来彼此评论，盔甲岛在瞬间变成了彼此挑剔和攻击的战场。"你画的眉毛太丑了。""你怎么没有画嘴巴呢？""武士的服装不应该是这样的呀！""如果我是你的话，我就应该在服装上点缀一些漂亮的玫瑰和蝴蝶。""你的装扮根本不像帝王，而像臣子。"

　　又过了好一阵子，精灵们开始冒汗。他们戴着面具、穿着厚厚的盔甲，虽然都装扮成了自己觉得最好的样子，可是总是觉得哪里不太对劲。突然，一个精灵主动把自己的面具和盔甲卸掉，露出了自己本来的模样。他冲着每一位精灵微笑，用最本真的方式跟所有见面的人打招呼，真诚地表达自己的想法。在他的带领下，一个又一个的精灵卸下了自己的面具和盔甲。当最后一位精灵卸下面具和盔甲后，精灵们集体用魔法棒把所有的面具和盔甲汇集到了一起。只听到大家不约而同地说"一、二、三，变"，面具和盔甲就在瞬间变成了一根根丝带，并且飞向每一位精灵。精灵们挥舞着丝带，哼唱着歌谣飞向了天空。歌声流淌在空中更流淌在心里："卸下面具和盔甲，做最真实的自我，给自己和他人松绑，原来快乐如此简单！"

卸下盔甲和面具，
做最真实的自我，
给自己和他人松绑，
快乐原来如此简单！

　　徐星仰望着精灵们，内心荡漾着幸福。此刻的她与精灵们同频共振，不由自主地跟着精灵们一起舞蹈与欢唱。徐星突然看到了自己身上戴着的面具和盔甲也变成了丝带，她暗自欣喜，并且告诉自己不要活在过去的模子里，而要为自己松绑，也要为身边的人松绑。一条丝带轻轻地飘到了徐星的手里，徐星知道自己也从精灵岛毕业了。

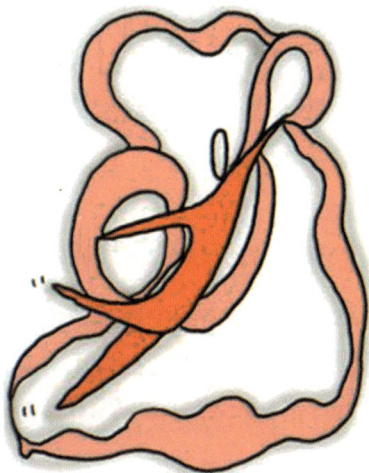

　　设计一个游戏活动来诠释你们对快乐的理解，这是精灵们给魔法师们的毕业考试，更是精灵们送给魔法师最好的礼物。魔法师们已经脱胎换骨，他们突然都明白快乐不是外求而是内省的过程，快乐并不是来自抱怨、指责、批判、否定、索取，而是来自感恩、欣赏、赞美、肯定、付出，来自活在当下和对未来的期待，来自做你所喜欢的事情，来自卸下面具、盔甲和教条并让自己活出轻松和自在。如果要在游戏中产生幸福和快乐，自己本身就需要活出幸福和快乐的状态，这原来就是游戏魔法师的蜕变之旅。

　　夜幕降临，四位魔法师兴奋得无法入眠。他们在精灵岛一个安静的角落放上木头点起了篝火，四个人意犹未尽地回忆着这难忘的一天带给他们的震撼。只有修炼内在的快乐自我，活出真正的快乐状态，才能有能力设计出快乐的游戏，这是精灵们用"设计一个游戏来代表你们对快乐的理解"这个任务给四位魔法师带来的启发。

大家不愿意让这一天这么快过去，多么盼望时间可以停留在这一天，因为这一天对四位魔法师都意义非凡。

星星人在感慨了今天经历的四个岛的活动体验后，若有所思地说："游戏创造体验，体验带来思考，思考引发对话，对话产生连接。"

"所以，对话游戏来自身体的参与、心灵的体悟、场域的营造、彼此的连接。"跳板人接着说。

"对，MOKA精灵岛对话型游戏的秘密来自身、心、合、一！"当四位魔法师不约而同地说出这四个字时，一张大大的卡片飞到了他们手中。

　　这是魔法游戏师们在精灵岛的毕业考试中领悟到的道理：只有活出身心合一的幸福状态，才能产生群体对话身心合一的巅峰体验。没想到在睡前还能有这样的意外收获，这真的是魔法师们难忘的一天，更是他们蜕变的一天！

第六章

MOKA魔法箱的秘密
——魔法游戏师需要持有的核心信念

这天是魔法师们需要回到自己世界的日子，也是他们从精灵岛真正毕业的日子。所有的精灵都汇集到了精灵岛的莲花池，莲花池是精灵们举办庆典的圣地。当帷幕徐徐拉开时，莲花池上飘着各色的彩云，毕业典礼开始了！四位魔法师在一片掌声中走上了礼台。他们神采飞扬，由内而外散发着光彩。

精灵岛的酋长按照精灵岛的习俗给四位魔法师洒上了圣水。在圣水流过脸颊的一刹那，四位魔法师突然长出了翅膀，他们可以自由飞翔了，他们兴奋至极。他们第一次用自己的翅膀飞翔，只见精灵们带着他们一会儿变成花，一会儿变成鸟，一会儿变成云，一会儿隐身……

　　四位魔法师飞过的地方出现了他们一路走来的各个场景：MOKA 列车、MOKA 口袋大厦、口袋汤、精灵岛、秘密花园、魔法镜、莲花池。其实，精灵们从来没有离开过游戏魔法师，精灵们一直都在魔法师们的身边观察、倾听和指导，他们在变幻不同的游戏场景来让魔法师们探索和体验，他们通过提出各种问题来让魔法师们自我觉察和深度挖掘。原来，比游戏形式更重要的是游戏魔法师自身的状态，引导他人玩游戏的过程更是一个游戏魔法师内省与成长的过程。活出感恩、轻松、幸福和有意义的状态，才能真正产生幸福、快乐的巅峰游戏体验。当运用目标、规则、变化和投入来设计一个游戏和营造场域进入游戏对话流时，参与者才能真正拥有连接、心流、惊喜和登峰的体验。

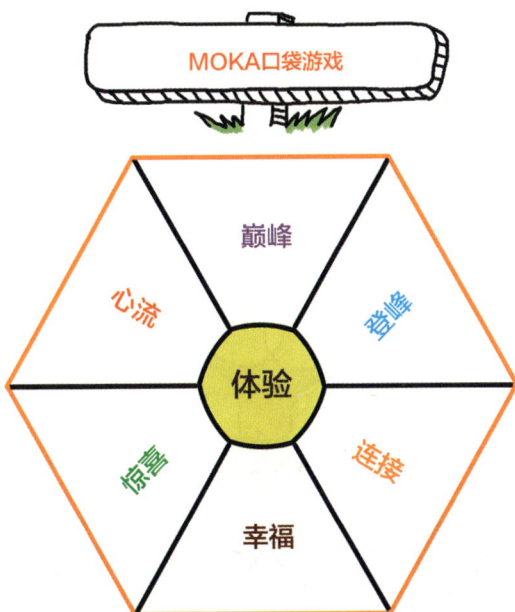

　　精灵岛酋长从口袋中拿出一根羽毛，轻轻一吹，羽毛就变成了一个魔法箱。在魔法箱打开的那一刻，魔法箱里飘出了"核心信念"四个字。魔法师们都很清楚，这是在他们离开精灵岛前，精灵们送给他们最后的礼物。

　　精灵岛酋长说："有的人需要看到才能相信，所以他们一直在等待，但最终也没有看到。有的人因为相信，所以看到，信念帮助他们创造了很多奇迹。作为游戏魔法师，你们需要相信什么呢？"

　　四位魔法师你一言我一语，快速达成了共识：

- 一是要相信每个人的人生经历都值得被聆听。
- 二是要相信每个人都能给对方带来价值。
- 三是要相信与他人的互动和连接能够帮助彼此赋能。

　　精灵岛酋长满意地点点头。只见在酋长合上魔法箱的那一瞬间，魔法箱变小了，小到可以放进口袋里。每位魔法师都被赠予了这个小小的魔法箱。魔法箱本身并不会给他们带来幸福、快乐，只会提醒魔法师们去发现和捕捉那些人生中的重要时刻，提醒魔法师们用精灵岛学到的精髓和技巧去帮助人们营造一个个对话流，让人们随时随地可以找到和他人互动交流、深度连接的机会，创造属于那个当下的快乐。

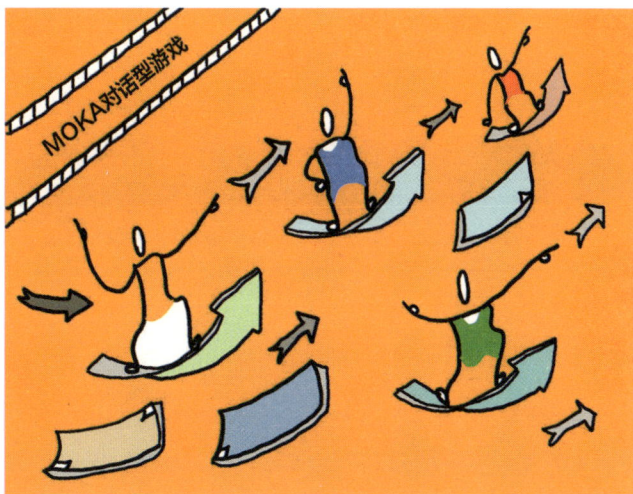

　　其实，我们每个人的口袋里不都住着一个神奇的 MOKA 口袋游戏精灵吗？他们在用不同的智慧启迪我们发现自我和找到幸福、快乐。你可以活出游戏魔法师的状态，更可以用游戏型沟通力来给身边的人带来幸福、快乐。

　　其实，每个人都可以成为快乐的 MOKA 口袋游戏魔法师，我们需要的是发现和体验，需要的是勇气和智慧。当你打开你的口袋放出一张张神奇的魔法游戏卡片时，这些简单、好玩的对话型游戏会帮助你打开自己和他人的快乐心门，让你的生活被MOKA对话型游戏点亮！

第二篇
实战篇

你一定很好奇游戏型沟通力究竟在生活和工作中是怎样运用的，你可能会迫不及待地想要进入实战篇。四位魔法师已经准备好要带领你探索游戏型沟通力的有效应用场景，你准备好了吗？

我们选取了生活和工作中比较常见的对话场景，每个场景安排了一个对话型游戏，借此启发大家可以在这样的场景下创造彼此赋能的对话流。四位魔法师会分别从游戏的四个核心要素出发，带领大家来探索这些游戏活动。

- 靶心人：我会带领你探索游戏的目的。
- 狩猎人：我会带领你探索游戏的流程和步骤。
- 跳板人：我会带领你探索游戏的变化。
- 星星人：我会给你设定一个案例，让你在案例中思考和探索。

　　在这个部分，我们简要介绍了要操作好此类对话型游戏你需要具备的理论知识，也提供了你可以延展阅读相关理论的探索方向。

　　希望你能够学习和实践这些对话型游戏，更希望你能够以这些游戏为跳板创造出更多的游戏玩法，不仅可以给自己的生活带来改变，也可以给身边的人带来快乐和有意义的体验。

第七章

相互认识与了解
——不为人知的故事汇

靶心人：为什么做这个游戏

不知道大家是否有这种感觉，虽然大家在一起共事了很多年，但大家对彼此的了解也仅限于工作。

有的时候我们之所以不能理解一个团队成员为什么会那样说话、那样做事，是因为我们不了解曾经发生过什么。

如果能够让团队成员分享自己的过去、现在和未来——成长经历、重大事件、转折点、人生导师、痛苦、恐惧、成绩、座右铭、心路历程、梦想等这些对自己很有意义而他人又不知道的东西，那么这对团队成员增进彼此的了解、提升换位思考的能力、宽容地对待他人的问题、增强彼此的信任、放下成见与偏见会大有裨益。

这个游戏活动提供了团队成员加强彼此深度了解的机会，对团队成员之间的信任感和凝聚力有非常大的帮助！

狩猎人：步骤与流程

大家坐成一圈。

每个人思考一下什么是对自己很有意义的信息，而这些信息又是其他团队成员不知道的。这些细节决定了我们是谁，我们为什么会用现在这样的方式来与世界和他人互动，我们相信什么，以及我们想变成什么样子。你可以寻找一些对大家深度了解你非常有帮助而他人又不太清楚的信息。你需要决定究竟跟大家分享什么信息才能对他人了解你非常有帮助。你可以花几分钟思考究竟想要分享什么。

请一位成员开始分享他的故事，大家认真聆听。

大家在聆听完后，可以：

- 针对对方的分享提出更多的问题。
- 回应对方分享的故事，发表感慨和建议。
- 分享类似的经历及经历所带来的智慧。

每个人都分享完了自己的故事，在结尾环节：

- 每个人可以分享谁的故事让你对他有了新的认识，这个新的认识是什么，以及这个新的认识会对未来彼此的关系和互动产生什么影响。

- 每个人可以总结大家的故事有什么共性的地方。
- 每个人可以通过大家的故事看到团队有什么特质是值得被
  提炼的。

跳板人：变化

- 每个人针对自己想要分享的故事画一幅画。
- 提前布置家庭作业，每个人需要在自己的家里找一样或者
  几样对自己的人生非常有影响的东西（如旧照片、旧报纸、
  童年玩具、纪念品、积攒品等），或者自己动手做一样东
  西。大家可以用自己带来的东西讲自己的故事，讲之前还可
  以让其他人猜这个故事跟什么有关。

- 游戏带领者可以把大家带来的东西放在一起，让大家猜这些东西是谁带来的。
- 游戏带领者还可以考虑把故事汇安排在一个环境优美的地方，这样能有助于大家敞开心扉和深度连接。

星星人：你的参与时间

销售部经理王青刚刚加入团队三个月的时间，她希望通过一次团建活动加深团队成员对彼此的了解。基于最近几个月的工作，她感受到大家的关系比较表面化，很多同事虽然在一起工作了很多年，但对彼此并没有太多的深入了解。她了解到销售部团队每年都有团建活动，但团建活动通常就是吃饭或者做一些游戏，并不能让大家产生深度连接。她希望通过此次活动让大家敞开心扉，通过故事分享增加大家对彼此的了解，也增加大家对她（作为领导者）的深入了解。

- 怎样开场才能让每个人意识到今天活动的独特性，以此引发大家的好奇心呢？
- 如果要让每个团队成员都能够快速进入深度探索的状态，作为游戏魔法师，你需要做哪些铺垫工作呢？
- 需要设定本次分享的具体内容吗？还是让大家开放地聊，什么主题都可以？
- 出现哪些情况，你需要介入？如果你需要介入，那么你该怎样有效表达？

- 作为游戏魔法师，你可以抓住分享中的哪些重要时刻，让团队成员彼此间的凝聚力与信任感加强?

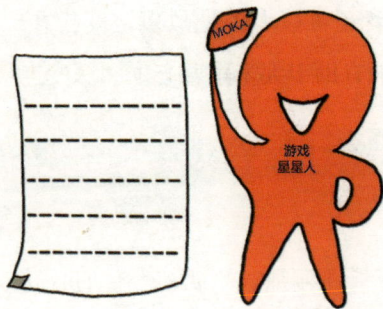

场景化展示

销售部经理王青刚刚加入团队三个月的时间，身为领导者，她希望能够快速融入团队，也希望让大家能够深入了解彼此。她邀请人力资源同事张亮来为自己的团队做一次有意义的团建活动。张亮选择了用"不为人知的故事汇"这个游戏来帮助王青的团队成员加深对彼此的了解。

　　在大家进入会议室后，张亮说："欢迎大家来参加今天的团建活动，我们今天要做的游戏活动是'不为人知的故事汇'。大家可以仔细想想要分享什么样的故事。但有一个要求就是，你分享的内容是大家不知道的，但对你来说是非常有价值和意义的。平常我们在一起工作，有些同事甚至在一起共事了八年多，但大家真的都非常熟悉和了解彼此吗？不一定。因为大多数人的了解都局限在工作上。今天我就给大家提供一个分享冰山下的内容的机会。你可以分享你的成长经历、重大事件、转折点、人生导师、痛苦、恐惧、成绩、座右铭、心路历程、梦想、愿望等，这些内容决定了你是谁，你为什么会用现在这样的方式来与世界和他人互动，你相信什么，以及你想变成什么样子。希望大家好好想想什么是你最想要分享的内容。这些分享的内容能让其他团队成员深入地了解你，同时又是大家不知道的有关你的信息。当一个人分享完后，其他人可以提问，可以给建议，也可以分享类似的经历。一个人结束后，下一个人再分享。"

　　前三个同事的分享都很精彩。轮到销售经理王青分享了。王青说："我在上一家公司工作了五年，前三年我活得挺挣扎的，好在我自己挺会开导自己的，我才坚持了下来。因为老板对我们的要求很高，我们做得好是应该的，做得不好马上就会受到批评。因为老板的家不在北京，家人也都不在身边，所以他工作起来是没有时间概念的。这么说吧！他就是个工作狂，每天都会很晚下班，害得我们也得跟着他不停地加班，而且没有加班费。有的时候，公司在周末还会临时召开会议，我们还必须随叫随到。在这个老板手下工作非常有压力，好些同事都对此有怨言，但谁也不敢直接找他谈，有些同事受不了了就直接走人了。我们这个老板很强势，又很玩命干，所以我们这个团队在所有销售团队中的业绩也是最好的。今天回头看我自己的经历，我还蛮感谢这位严苛的老板。在他手下工作，虽然我觉得很辛苦，但那几年也是我进步最快的几年。因为我是那种'不抱怨'的人，所以老板很快提升了我。在我升职的那天，老板破天荒地表扬了我一下，说我在面对压力的时候总是能积极回应，说我永远把焦点集中到解决问题的办法上，而不是寻找借口上。这一点他很欣赏，这也是很多同事所不具备的。这让我意识到我的性格还蛮乐观的，并且对任何事情都比较容易想得开。可能受他的影响，我慢慢也相信在工作中有压力是好事。压力转化得好，是可以变成动力的。从我的老板身上，我自己也悟到了很多东西。未来跟各位相处时，如果我给你们的压力过大，我是欢迎大家来找我的，但来找我的目的不是抱怨，而是积极地解决问题。受我的老板的影响，我现在也会比较欣赏那些乐观、积极的人。但是，我以后也会尽量避免当时我的老板犯过的一些错误。"

场景化展示

在王青分享完后，几个下属开始提问。有人问她在老板骂她的时候，她是如何开导自己并让自己的心情好起来的？也有人问："那你的性格是强势的吗？我们怎样跟你相处才是最好的呢？"还有人问："你是不是想要告诉我们你也会给我们很大的压力，因为刚才你说你相信压力大是好事，但是你说你的做法会和你的老板不同，那不同点会表现在什么地方呢？"针对这些问题，王青都一一作答。这些互动对大家加深对新任经理的性格、价值观和信念的了解都非常有帮助。经过这样的分享，大家觉得王青很有人情味，也增加了跟她直接面对的勇气，因为大家知道新任经理是那种欢迎大家直面问题的人。

在结尾的时候，几个同事表达了自己今天的收获（对同事新的认知）。盛美说："我没有想到洪亮是一个文艺青年，平时他在工作中都挺严肃的，从来不知道他还是这么多才多艺。"菲菲说："我没有想到王经理也受过苦，那她应该很能理解下属的疾苦。另外，我意识到积极主动是王经理所看重的，了解到这一点挺好的。"嘉宏说："我对王莉有了新的认知，她带着两个孩子真的挺不容易的，以前我对她迟到还挺有看法的，现在我完全能理解她的不容易了。"

不知不觉两个小时已经过去了，因为每个人都很投入，十五个人的销售团队只分享了四个人的故事。因为大家都愿意敞开心扉，大家集体决定剩下的同事在下次团建活动中继续分享。这个团建活动给大家留下了深刻的影响，也使销售部同事彼此更加坦诚。

第八章

餐桌与聚会
——礼物

靶心人：为什么做这个游戏

这个聚会游戏巧妙地借用礼物来表达对他人的欣赏，也借用礼物来提醒对方需要改进的地方。因为礼物是一个隐喻和道具，所以在表达提醒对方需要改进的地方时，会让对方感觉比较舒服和安全。

每个人送出的礼物都不一样，这会激发大家的好奇心，让聚会的氛围变得神秘而且兴奋。

狩猎人：步骤与流程

事先告诉团队成员他们需要买两种类型的礼物。

- 欣赏型礼物：这个礼物传递了你对某位团队成员的欣赏。你需要用心体验并发现某位团队成员的优势、特点、成绩、闪光点、特长、爱好等，并且思考哪种礼物最能传递你想要表达的信息。

- 改进型礼物：这个礼物传递了你对某位团队成员的担心。

你看到了某位团队成员的缺点、不足、盲点、问题等，并且思考哪种礼物最能传递你想要表达的信息。

每位团队成员都需要仔细思考你需要给谁买礼物，以及买哪种类型的礼物最恰当。你可以给每一位团队成员都买礼物，也可以只给自己最想要表达的人买礼物。

在购买礼物前，请用心思考并填写表8–1。好的礼物不在价格有多贵，而在寓意有多巧妙，以及挑选和表达有多用心。

表8–1 团队成员的礼物

团队成员	优势、特点、成绩、闪光点、特长、爱好等	欣赏型礼物	缺点、不足、盲点、问题等	改进型礼物
成员A	遇到困难从不抱怨，迎难而上	不倒翁		
成员B	着装很职业，头发打理得非常得体	梳子		
成员C			穿的裤子总是短了一截	尺子

团队成员	优势、特点、成绩、闪光点、特长、爱好等	欣赏型礼物	缺点、不足、盲点、问题等	改进型礼物
成员D	非常细致认真，追求细节，注重完美，敢于直言	安全套	在规则上从不妥协，太过严苛	毛绒猴子
成员E	很有创新精神，经常给他人带来意外和惊喜	一个神秘袋子		
成员F			加班加点，最早来，最晚走，对自己最狠，从不懈怠	敲背锤

聚会时，大家坐成一圈，每个人把礼物摆在自己的面前。从第一位成员开始，赠送礼物的步骤如下：

- 表达为什么要送这个礼物，这个礼物传递了什么信息，以及让大家猜测这个礼物会送给谁。
- 公布要送给谁。
- 把礼物送给对方，可以跟对方拥抱或者照相留念。

在结尾的时候，每个人可以发表收到礼物的感言。

大家还可以集体投票选出：

- 谁送出的礼物是最令人意想不到的。
- 谁送出的礼物是最令人印象深刻的。
- 谁送出的礼物是最用心的。
- 谁送出的礼物是最怪诞的。

■ 谁送出的礼物是最无聊的。

游戏带领者可以给每位得奖者事先准备一个小奖品，得奖者可以集体上前接受颁奖。

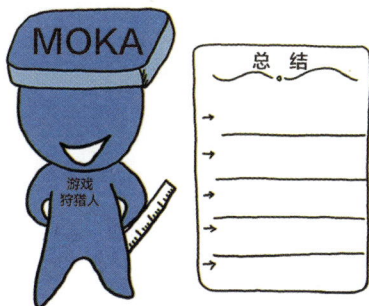

跳板人：变化

你可以只让大家彼此赠送表达欣赏的礼物。

你可以把所有人带来的礼物放在一起，从随机拿出的一件礼物开始，让大家猜测这个礼物想要表达什么和要送给谁。随后，你可以让买礼物的人公布答案，看看大家猜的是否正确。

星星人：你的参与时间

谢瑞明（Jeremy）是一家咨询公司的老总，他想请你帮忙组织一场聚会。大家在吃完饭后可以做游戏，可以兴奋起来，又觉得有意义。参加完游戏后，大家还能有回味。你想到了"礼物"这个游戏，打算用这个游戏来带领大家。请思考：

- 这个游戏的关键点在哪里？
- 如何确保大家送出的礼物很有趣味性，而且能很贴切地表达对他人的特质描述呢？
- 你可以事先准备一些什么样的音乐来烘托气氛呢？
- 现场的布置需要考虑什么因素才能制造神秘感呢？

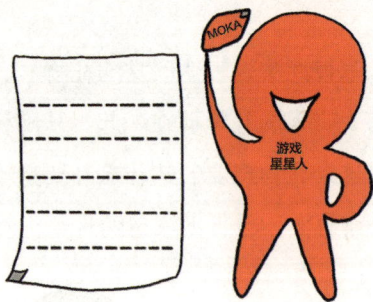

场景化展示

团队领导谢瑞明给所有人都买了礼物。他首先拿出一个不倒翁，然后说："我最欣赏这个人的地方是他遇到困难从不抱怨，而且很多时候会主动接受难题和挑战。我送他的礼物是不倒翁，因为不倒翁代表了坚韧不拔的精神。你们能猜到我想送给谁吗？"大家猜测了几个人，最后谢瑞明宣布自己的礼物要送给成员A。他拿着礼物跟对方拥抱，并且照相留念。

　　谢瑞明拿出一把梳子，让大家猜测梳子要传递的信息是什么。有人说，这个人是解决问题和梳理问题的专家。也有人说，梳子是女人的用品，这个人应该有女性特质。谢瑞明说："大家猜得很棒！但我要表达的是，这个人的着装很职业，他每天都把头发打理得很得体。他是职业化形象的化身，也是我们每个人学习的榜样。"谢瑞明邀请成员B上台接受礼物，并且让成员B围场走一圈，摆几个职业化的姿势。在成员B走职业步的当下，背景音乐响起，全场欢呼，成员B也因此更加带劲，在全场走起了T台秀。整个聚会燃起了高潮。

　　谢瑞明拿出一把尺子，很严肃地说："接下来，我希望我送礼物的这个人能向成员 B 学习。这位同事很专业，也很敬业，唯一的缺点就是他平时穿的裤子总是短一截。他如果能把裤子穿长一点就会显得更职业。"接下来，谢瑞明宣布得此礼物的人是成员 C，并且邀请成员 C 站到桌子上来接受他颁发的礼物，这样大家都可以看到他穿的裤子。果然，今天他穿的裤子确实短了一截。大家忍不住大笑起来，成员 C 不好意思地说："接受领导的建议，以后买裤子的时候确实应该再买长点。"

场景化展示

谢瑞明说："下面的这位团队成员会得到我的两份礼物。一个安全套和一只毛绒猴子。"大家都把身体前倾，对此表达了浓厚的兴趣，尤其想听听为什么要送安全套。谢瑞明说："我想要表达的是这个人非常认真，追求细节、注重完美，而且敢于直言，她让公司的流程没有任何风险。她的存在会让我们的公司很安全。"大家立马猜测这个人是成员 D，成员 D 上台接受礼物。在接受安全套的同时，谢瑞明递给对方一只毛绒猴子，并且问成员 D："知道为什么我要送给你一只毛绒猴子吗？"对方摇了摇头，谢瑞明解释说："你在财务规则上非常严苛，这是对的，但我也希望你以后能在某些特殊情况下保持灵活。当遇到无法做出决定的情况时，你不要一口回绝同事，你要多想想该如何为同事提供支持和帮助。"接下来，谢瑞明跟成员 D 拥抱、合影。

第九章

趣味会议

——憨豆甜心

靶心人：为什么做这个游戏

　　会议开场该如何破冰呢？如果我们会议室的圆桌不能移动，我们不能做一些蹦蹦跳跳的破冰游戏，那么我们是否能用其他好玩的方式来开场呢？在会议开始的时候，如何能够让大家快速进入状态呢？如果你有这样的困扰，那么你可以试试用"憨豆甜心"这个游戏来开启一个会议。

　　这个游戏的有趣之处在于随机，因为参会者并不知道每种颜色的巧克力豆对应的问题。

　　另外，游戏带领者事先准备的问题是这个游戏的关键所在。你可以跟参会者或者非参会者聊聊哪些问题特别能够引起大家的兴趣和调动现场的气氛。

　　此外，分发巧克力豆及吃巧克力豆的过程都会让团队成员感受到温馨和甜蜜。

狩猎人：流程与步骤

游戏带领者准备一袋巧克力豆。

游戏带领者让每一位参会者随机拿一颗巧克力豆。

游戏带领者公布不同颜色的巧克力豆对应的不同问题。

参会者依次根据自己拿到的巧克力豆的颜色来回答相应的问题。

参会者回答完问题就可以吃掉巧克力豆了。

游戏带领者可以提醒参会者每个人回答问题的时间不能超过两分钟。

跳板人：变化

巧克力豆的颜色可以跟会议主题挂钩，不同颜色的巧克力豆对应不同的会议主题。把分发巧克力豆的过程看成分组讨论的过程，确保拥有每种颜色巧克力豆的人数相当。

试试在下一次团队会议的开场用表9-1中的问题来破冰吧！你也可以想想是否有更适合自己团队的问题。

表9–1 巧克力豆颜色与会议主题

巧克力豆颜色	要回答的问题
红色	在过去一年的工作中发生的最令你兴奋的事情是什么？
蓝色	你最欣赏老板的地方是什么？
黄色	你最喜欢我们这个团队的什么地方？
绿色	你一生中做过的最糗的事情是什么？
紫色	撒娇女人的命运会好吗？为什么？
橙色	过去我们团队中令你最难忘的事情是什么？

你可以只给大家三种颜色的巧克力豆，确保每种巧克力豆都有好几个人回答同样的问题。

除了巧克力豆，哪些替代性道具能够创造温馨和甜蜜的分享氛围呢？

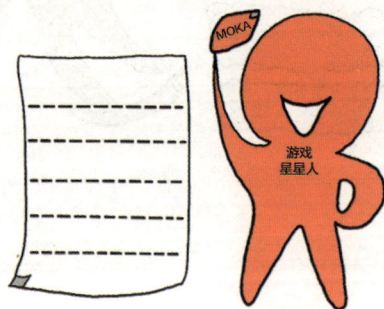

星星人：你的参与时间

这个游戏的出彩之处在于用巧克力豆的颜色创造随机感。除了巧克力豆，哪些方式能够创造随机感呢？

这个游戏另一个出彩的地方在于不同颜色的巧克力豆对应不同

的问题。假设你主持的是读书会，那么你是否可以用不同颜色的巧克力豆来代表你要给大家提出的不同类型的问题呢？如果大家读的是《高效能人士的七个习惯》这本书，今天要探讨的是其中一个习惯——以终为始，那么你能提出哪几个问题呢？

如果你今天在给小朋友讲故事，你是否可以用不同颜色的巧克力豆来代表你想要他们思考的不同类型的问题呢？比如，拿到红色巧克力豆的小朋友要说出他们听完故事后的感受，拿到蓝色巧克力豆的小朋友要讲述这个故事想要传达的中心思想，拿到绿色巧克力豆的小朋友要讲讲这个故事中不合理的地方，等等。

这个游戏可以用在哪些其他你能想到的地方？

场景化展示

在团队一天会议结束的时候，销售总监张雷准备了三种颜色的巧克力豆。有人拿到了红色巧克力豆，有人拿到了蓝色巧克力豆，有人拿到了黄色巧克力豆。张总接下来让大家看他事先准备好的白板纸，白板纸上写着：

- 红色巧克力豆：收获。
- 黄色巧克力豆：感言。
- 蓝色巧克力豆：期待。

张总接下来解释道："拿到红色巧克力豆的人需要分享今天一天会议中你的收获有哪些。拿到黄色巧克力豆的人需要分享今天一天会议中你有哪些感言，也就是哪些环节或者内容让你很有感触。拿到蓝色巧克力豆的人需要分享你对自己、他人或者团队的期待。"

大家坐成一圈。天天开始发言，她说："我手上的巧克力豆是红色的，我就讲讲自己的收获吧！我觉得今天的最大收获是我明确了今年的年度目标。通过大家的献计献策及有效规划，我更加清晰了达成目标的团队行动策略。"

马大海开始发言，他说："我拿到了蓝色巧克力豆，那我就说说我对团队的期待吧！我期待我们大家能够齐心协力，共创辉煌，我相信张总是我们的坚强后盾和有力推手。如果我们能有今天那种坚韧不拔的毅力，那么我们一定可以成功！"

接下来，马大海旁边的龙玲说："我手上拿到的是黄色巧克力豆。我要发表的感言是我们应该多增加一些像今天这样的团队会议。我对今天的团队会议非常有感触，好多环节都有我的参与和互动，这让我觉得很有承诺感。这样的会议不是那种很死板的听报告型的沉默会议，它调动了每个人的积极性。我特别感谢会议筹备小组的精心准备，能感受到你们很用心！特别感谢！"

张总特别高兴，觉得今天的会议跟往常很不一样。在会议结尾的时候，"憨豆甜心"这个游戏也很出彩，让大家既感动又温暖，还让大家感觉特别有正能量。

第十章

表达欣赏与感激
——荣耀盒

靶心人：为什么要做这个游戏

在工作或生活中，我们有很多值得感谢的时刻，比如，同事帮助你解决了一个问题，有人给你贡献了一个好的想法，有人默默地替你补位，有人教会了你一些东西，等等。当得到帮助、受到恩惠的时候，我们不要忘记表达感谢。

但很多时候，我们因为忙或者没有表达感谢的习惯，抑或不知道该如何当面致谢，让致谢的机会溜走。久而久之，付出者因为没有得到认同和回馈也会出现心理落差。如果一切的努力和付出都变得理所当然，人们想要付出和努力的意愿就会大幅度下降。

让一个团队变得特别有能量和活力，以及让团队成员受到激励的其中一种重要的方式就是"看见"——看见那些好人好事，看见那些值得被称赞的行为，看见那些付出过的努力，看见那些做得很好的地方，看见那些值得骄傲的成绩。如何表达"看见"呢？这个"荣耀盒"游戏可以很好地让我们表达"看见"。

心理学家的研究成果表明，表扬和称颂能够提升被赞美者的内在动力和信心，也会让对方更加愿意付出和努力，因为付出和努力能被认同和看见。另外，表达感谢能让收到感谢的人开心，表达感谢的人也会被赋能，因为懂得感恩的人会更容易获得幸福。赠人玫瑰，手留余香，不就是这个道理吗？

如果你想要在组织、团队和家庭中营造出正能量的感觉，你就要学会表达欣赏与感激。你也需要让团队成员和家人学会表达欣赏与感激，慢慢地，你聚焦的正能量的东西会因为你不断强化而放大，这就是宇宙的定律——强化带来行为的重复。

通过这个游戏，在团队中建立正向反馈的氛围和机制，能让积极正向的东西被放大。这个游戏的背后是信念——相信组织和团队不是一个个等待我们解决的问题，而是一个个等待我们要去发现的奇迹。强化积极的东西，会得到更多积极的回应。

狩猎人：步骤和流程

准备一些精美的感激卡。

让团队成员聚集在一起。

给每个人发一些感激卡。每个人都有机会通过写感激卡来表达自己的欣赏和感激。

提醒大家在写感激的内容时要尽量具体,这样收到的人会知道你因为什么而表达感谢。(例如,我很想感谢你近来对我的帮助。这是一个空泛的感谢,因为对方不知道你在感谢什么。再如,我很感谢你能够邀请我一起参与经销商大会的筹备活动,而且手把手地教会我如何设计会议流程,经过这段时间的努力,我有机会学习如何筹备一个会议。这个感谢因为写得很具体,所以能够让对方知道你在表达什么。)

所有人把感激卡放进盒子里面。

取出感激卡,由游戏带领者大声朗读卡片上的内容。表达感激的人可以双手合十或者跟被感激者拥抱。(也可以准备一盒巧克力,游戏带领者可以在念完卡片后送给被感激者一块巧克力。)

庆祝仪式。收到感激卡的同事可以得到一些小奖品（如一本书、两张电影票、一根大大的棒棒糖、一件T恤衫等），或者收到感激卡的同事可以进行抽奖活动（奖品可以是提前一个小时下班，跟老板共进午餐，指定某位同事为自己按摩，等等。抽奖内容尽量新颖、独特）。

跳板人：变化

如何让自己养成表达欣赏和感激的习惯呢？你可以在每天下班前回顾一天中有没有值得感谢和感恩的地方。在下班前花五分钟的时间做这个练习，经过二十一天，你就会养成一个新的习惯。如果你无法做到一天做一次这样的练习，那么你可以在每周五下班前花五分钟的时间做这个练习。持续一段时间，你会惊喜地发现，自己也可以拥有一双可以看到美丽的眼睛。

在团队中做完这个游戏后，荣耀盒会被搬回办公室，并且被放到最显眼的地方（如咖啡机的旁边）。荣耀盒旁边也会有感激卡，方便大家随时记录。在每个月的团队会议上，荣耀盒都会被打开，收到感激卡的同事会得到小奖品。重点不是得到小奖品，而是人们的正向行为被认可、被看见、被弘扬。让这个游戏成为团队一段时间内能够实践的练习方式，从而帮助团队形成正向的相互感激的文化氛围。

你也可以把荣耀盒中的感激卡放在一面墙上（可以取名为"荣耀墙"），这样大家每天都可以看到这些温馨的感激卡。

星星人：你的参与时间

除了用写感激卡的方式表达欣赏与感激，你还能想到哪些有效的方式呢？

为了让现场的氛围很棒，作为游戏带领者，你该说些什么来营造感动时刻呢？

你能捕捉到哪些小的地方（不起眼的地方）——一旦被提出，会令对方很意外，却值得被欣赏与感激呢？

会出现感激或欣赏同一个人而使其他人受到打击的情况吗？该如何避免呢？

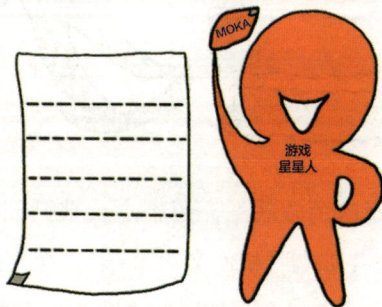

场景化展示

信用卡中心的李经理把他团队的六个人聚在了一起，并准备了一些精美的感激卡。

李经理说："我观察到我们团队成员相互之间有很多支持和帮助，但是我们平时因为太忙也疏于表达。我希望今天早上我们的例会可以做一个感谢的练习。我给你们每个人发一些卡片，并给你们五六分钟的时间，你们可以通过卡片表达对彼此的感谢。有一点得提醒大家，就是希望你们在写感激卡的时候能够写得比较具体而不是很空泛。举个例子，'小丁，最近一段时间我觉得你在工作上很积极、很努力，我很欣赏你'这样的表达能让小丁知道自己好在什么地方吗？"小丁摇了摇头。"但是，如果我说'小丁，我观察到在上次的客户联谊会上，你能叫出所有参会者的名字，而且你组织的开场破冰游戏很有效，我能感受到你很用心，也很尽力，为此你一定花了不少心力吧！由于你的用心，上次联谊会的效果特别好，祝贺你。我更想要表达的是感谢你！'，那么这样的表达是不是会更具体呢？"小丁显然被感动到了，一个劲地点头。

李经理说："好了，大家现在可以想想要写给谁以及写什么。"几分钟后，大家都写好了。李经理让大家把卡片放进了盒子。随后，李经理说："放进盒子里的卡片越多，从一个侧面也反映出团队的合作精神越强。好了，我一张一张地把卡片拿出来念。在我念完一张后，我们要用掌声来表达对被感谢者的感谢，感谢他付出的努力和提供的帮助。"

李经理抽出第一张卡片。卡片上写着："我想要感谢汪清，感谢你的无私分享，你让我在工作中能很快速上手。你就像是我的师傅，给了我很多的帮助和支持。"这是小丁写的。李经理让小丁补充说明汪清是如何及在哪些地方给他提供的帮助。小丁马上补充了三点。大家热烈鼓掌，小丁也用双手合十的动作表达了真诚的感谢。

李经理抽出了第二张卡片，这是宏海写的。卡片上写着："感谢小明对我的鼓励。我在上个季度的销售业绩并不是很理想，你花了很多时间陪伴我、鼓励我，而且给我提供了客户线索，让我有机会在这个季度迎头赶上，感谢你这么关心和支持我！"在李经理念完后，大家热烈鼓掌，宏海也站起来走到小明面前用拥抱表示了自己的感谢。

就这样，大家在感谢、掌声和拥抱中度过了三十分钟温暖的时光。

对于得到感谢最多的汪清，李经理特别准备了一个棒棒糖送给她。李经理还特别让汪清表达了获奖感言。汪清说："我好激动呀！没有想到同事们这么有心表达感谢，以后我还会继续努力帮助大家，也特别感谢大家能够看到我的付出。"

最后，李经理说："我希望我们能把这个活动延续下去，变成我们信用卡中心的一个惯常做法。我会把荣耀盒放在咖啡机旁边，希望大家平时能多留意别人对我们的帮助，留意我们想要表达欣赏和感激的地方。以后，我们每个月会打开一次盒子，并且举行一次庆祝仪式。"大家都很开心，觉得这样的练习特别能拉近彼此的关系。

第十一章

给予反馈
——我眼中的他

靶心人：为什么要做这个游戏

给予反馈是改进绩效的重要手段，虚心接受反馈是一个人成长的开始。

这是一个团队成员相互之间给予反馈的练习。团队成员面对面地相互给予反馈是建立反馈型团队文化的有效手段。

定期做这样的练习可以帮助团队成员建立彼此的坦诚度和信任感。

狩猎人：步骤与流程

第一部分：制造轻松、愉快的氛围

大家坐成一个圈。

游戏带领者请一位团队成员离场。

游戏带领者给每人发一张卡片，请每人写下一句话来描述我眼中的他（她），即离场的团队成员。

游戏带领者把所有的卡片放进一个帽子（盒子）中。

离场的团队成员重新返回房间，并坐回自己的椅子上。

离场的团队成员开始从帽子中取出一张卡片，读出上面的文字，并且猜测是团队中谁写的。如果猜对了，他就获得一分，猜错了不得分。

游戏带领者请写卡片的团队成员解释他为什么要这样写，有什么具体的原因和例子来佐证。

离场的团队成员再次从帽子中取出下一张卡片，并且猜测卡片上的内容是谁写的，猜对了得一分，猜错了不得分。

写卡片的团队成员解释他为什么要这样写。

等所有的反馈卡片都被解释后，离场的团队成员发表感言（此刻最想要说的话），并且可以指定下一位团队成员离场。游戏按照上面的规则继续下去。

在游戏结束的时候，游戏带领者可以给得分最高的团队成员颁发一个小奖品。

第一部分的目的是制造轻松、愉快的氛围，从而让第二部分真正的反馈练习变得更加容易和有效。

第二部分：反馈练习

在被反馈者离场后，其他所有团队成员需要在一张卡片上写出此人的优、缺点（正面写优点和闪亮点，背面写需要改进的地方）。

其他游戏规则和第一部分一样（可以增加一条规则：在大家解释完为什么这样写后，被反馈者有机会与一至两位团队成员进行更深入的交流）。

跳板人：变化

　　游戏带领者可以在进行第二部分前强调给予反馈与接受反馈的重要性。反馈是礼物，是他人对我们的关心，而虚心接受能够让我们成长。另外，反馈的内容是信息而不是真理。如果你觉得反馈的内容不正确，那么你可以询问并澄清。

　　在被反馈者离场后，大家可以集体讨论这个人的优、缺点。把大家达成共识的优、缺点写在白板纸上。之后，游戏带领者邀请被反馈者回到房间，告诉他大家对他的共有评价是什么（这样做的好处是减轻当面给予负面反馈的压力感）。

　　在第二部分，游戏带领者还可以考虑给每个人一个信封，要求团队成员在信封上写上自己的名字，然后把所有团队成员的信封贴在一面墙上。每个人可以给自己想要进行反馈的团队成员写反馈卡片，然后把卡片放进对方的信封中。卡片上可以署名，也可以匿名。在收到他人的反馈卡片后，大家可以跟卡片上有署名的团队成员进行面对面的沟通和交流。

星星人：你的参与时间

这是研发部的一次相互反馈练习，曲海经理希望通过这次反馈练习培养大家相互给予反馈的勇气。同时，他担心如果大家现场面对面地给予反馈，那么大家是否会说真话以及有些话题是否会很敏感。

- 作为游戏带领者，你应该在操作这个游戏的时候做些什么来消除曲海经理的担心呢？
- 你应该怎样开场来说明为什么要做这个游戏呢？这个游戏给团队和个人带来的价值和好处有哪些呢？
- 如果出现了被反馈者过度解释或者与反馈者争执的情况，那么你该如何在现场进行有效处理呢？
- 在结尾的时候，你应该说些什么来让大家增加对这个游戏的印象呢？

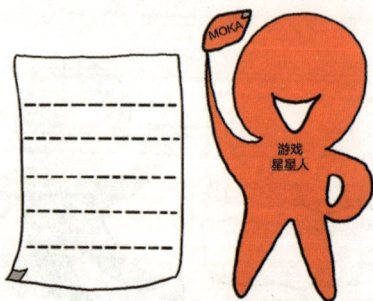

场景化展示

　　研发部的曲海经理带领的团队一共有八个人，他们利用周五下午的时间进行了这次团队反馈练习。

　　在第一个环节，他们抽签决定了第一位被反馈者张旭，并且邀请他暂时离开房间。

　　游戏带领者给每位团队成员一张空白的卡片，邀请大家用一句话形容他们眼中的张旭。写完后，大家把卡片放进了帽子中。

　　张旭回到房间后，从帽子中随机取出一张卡片，并且读出卡片上的内容："燃烧自己却点亮别人的人。"大家给张旭鼓掌。张旭猜测这是阿美写的。结果猜测错误，没有得分。卡片的书写者李立讲述了她眼中的张旭为什么是燃烧自己照亮别人的人。李立说："在我们的系统上线后，很多内部客户反映界面不是很友好，而且觉得不易操作。张旭把所有大家反映的问题做了记录和归类，并且制作了一份操作流程表和答疑表，同时改进了界面。他都是在加班加点地在做这些事，从来不去宣扬自己做出的成绩。由于这个系统的成功上线，我们团队得到了很高的荣誉，但真正的幕后英雄其实应该是他。"张旭听到后很感动，因为自己的努力和成绩被他人看到了。

在随后的抽卡中，张旭陆续抽到了以下内容。

- "三真"男人：真诚、真实、真心。
- 你是我的男神，你让我的生命充满阳光。
- 你是我们的开心果，你给团队带来活力和创意。
- 诗和海洋。
- 你是奇葩，你是狮王，你更是灯塔。
- 迷失了自我的人。

每个人也都解释了自己为什么要这么写，现场氛围很好。

给予真诚的反馈是
最神奇、最美好的爱的礼物

　　在第二个环节，游戏带领者让大家严肃起来。由于第一个环节做了很好的铺垫，大家现在已经能够充分敞开心扉。有了很好的氛围，整个团队可以进行更深入的反馈探索。游戏规则和第一个环节一样，只是这次卡片的正面要求写出对方的优点和闪光点，而背面要写出需要改进的地方。游戏带领者继续补充说："被反馈者在回来后可以从帽子中一张一张地抽出卡片，首先需要读出卡片信息，然后猜测是谁写的，猜对了得一分，猜错了不得分。每位书写者还需要通过具体的例子补充说明为什么这么写。在大家发言的时候，被反馈者不要发言，只需要认真聆听，并做好记录。有一点特别需要提醒大家，他人的反馈只是信息，不是真理，只是对方眼里的事实或者想法，没有对错。所以，对待信息，你可以采纳，也可以选择放下。但是，在所有人的反馈都被聆听后，被反馈者可以有一至两次机会怀着好奇心去提问。如果你实在想要解释，你害怕其他人误解你，那么你可以选择在最后的阶段进行解释，但不要过多解释，否则你会给他人一种你不想聆听的感觉。大家清楚了吗？"

第二个环节的游戏让大家沉浸下来，大家有机会给予及接受高质量的反馈意见。在游戏结束的时候，大家看到游戏带领者在白板纸上写着：

- 在这次反馈练习中，我最大的收获是什么。
- 通过大家的反馈，我对自己有哪些新的觉察与认知。
- 我希望开始做……停止做……多做……少做……

大家坐成一个圈，每个人根据白板纸上的提问轮流发言。

周五下午的这个反馈游戏让研发部的同事感慨良多，大家在一起这么长时间从来没有像今天下午这样彼此坦诚相见，还收到了这么多的反馈意见。在轻松愉快的氛围中，大家的话匣子被打开了。在结尾的时候，曲海感受到了团队成员的坦诚友好和大家发自内心的充实感！

第十二章

化解冲突
——跨越横线

靶心人：为什么要做这个游戏

很多时候，当我们提出一个问题让他人回答的时候，我们会看到大家的响应很不积极。我们该如何打破这样的困境呢？这个游戏活动的本质是通过身体的移动来带动思考与响应。在一个人的身体做出了选择和回应后，作为游戏的带领者，你就很容易引导他们开始表态和讲话了。

另外，这个游戏的第一部分是一些比较轻松的话题。因为大家在这个部分会玩得很开心，所以这个部分不但会增进团队成员彼此的了解，更会铺垫很好的谈话氛围，让接下来的更具挑战性的敏感话题变得容易起来。

狩猎人：流程与步骤

游戏带领者在会议室的地上放置一根绳子，邀请大家站到绳子的一边，并事先准备两个部分的话题——轻松的话题和具有挑战性的话题。当游戏带领者念一个话题时，大家需要判断自己是否符合这个话题，如果符合就可以跨越绳子到绳子的另外一边。游戏带领者可以随后采访跨越横线的同事，开启有深度和有意义的对话。没有跨线的同事也可以向跨越横线的同事提出问题。针对某些具有挑战性的话题，整个团队可以决定是否需要花时间来找出解决办法。

第一部分：轻松的话题

目的：破冰，并帮助团队成员更多地相互了解。

举例：

- 喜欢运动的同事请跨线。
- 喜欢看电影的同事请跨线。
- 喜欢听音乐的同事请跨线。
- 会说方言的同事请跨线。
- 喜欢唱歌跳舞的同事请跨线。

- 觉得自己的人生很美好的同事请跨线。
- 觉得自己婆媳关系很好的同事请跨线。
- 觉得自己的老公或者老婆就是自己的白马王子或者白雪公主的同事请跨线。

你还能想到哪些话题能够让大家轻松愉快、乐在其中并且增加相互了解呢？

第二部分：具有挑战性的话题

目的：直面问题、集思广益、深度会谈。

举例：

- 觉得目前工作的动力和开心度不高的请跨线。
- 觉得目前我们这个项目进展很不顺利的请跨线。
- 觉得我们团队在"创新"这条价值观的践行上存在很大挑战的请跨线。
- 觉得自己的工作和生活在目前这段时间（半年）很难平衡

的请跨线。

■ 觉得团队满意度调研结果没有充分地反映大家心声的请跨线。

跳板人：变化

你可以做一个游戏活动，让大家总结高绩效团队应该具备的特质有哪些。

比如，高绩效团队的核心要素包括：

■ 目标。

■ 沟通。

■ 计划。

■ 系统。

■ 信任。

■ 领导。

■ 文化。

针对以上每一条要素，大家都要对我们的团队做出评估。团队成员如果觉得团队目前存在一定问题的话，就请跨线。

你也可以在线上放一至五分的尺度，然后解释一至五分分别代表什么，让大家根据自己的情况对分数进行选择站位。

你还可以在会议室的地上用绳子围成三个圆圈，然后定义这三个圆圈具体用什么尺度来衡量会比较好。

- 好、中、差。
- 卓越、满意、不满意。
- 已经很好、需要提升、需要很大提升。
- 乐观、中立、悲观。

具体用什么尺度是需要你根据所要探索的话题来决定的。

星星人：你的思考时间

- 你遇到过团体中的成员用沉默来代替积极回应的现象吗？

如果出现这种情况，那么通常什么原因会导致大家不愿意在团体中敞开心扉呢？

- 你还能想到哪些方式来营造群体安全感？
- 作为游戏带领者，你怎样表达才能让大家在谈论敏感话题的时候感觉安全呢？

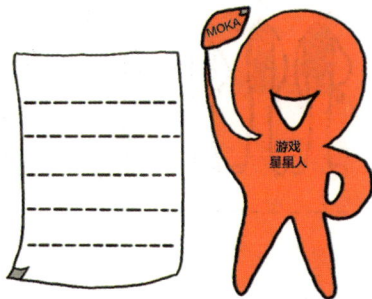

场景化展示

游戏带领者说："欢迎大家今天聚在一起，希望今天下午的游戏活动能够帮助大家增进彼此的了解，更希望大家能够直面我们可能遇到的问题、挑战和困扰。大家集思广益，相互支持，彼此关心，直面问题，让我们的团队更加团结和凝聚。今天的游戏叫'跨越横线'。这个游戏很简单，我一会儿会说出一些话题，你如果认为自己符合我说的话题，就请跨线。比如，外向的同事请跨线，如果觉得自己是外向的，你就可以跨线了。游戏会分为两部分。第一部分是一些轻松的题目，让大家能有更多相互了解的机会，也算是今天下午的破冰题目。第二部分是一些具有挑战性的题目，这些题目可能需要大家在认真思考后再做回答，有些敏感的题目需要大家勇敢地面对。大家准备好了吗？我们开始吧！"

第一部分：轻松话题，有效破冰

游戏带领者说："喜欢运动的同事请跨线。"此时，三分之二的团队成员跨到了绳子的另外一边。游戏带领者让大家说说自己都喜欢哪些运动。小张说自己喜欢打篮球，小李说自己喜欢踢足球，小勇说自己喜欢健身，小伟说自己喜欢游泳，小兰说自己喜欢打羽毛球。游戏带领者让他们每人做个动作代表他们最喜欢的运动，大家各自摆了一个姿势，照了一张"运动全家福"。

在大家回到绳子的一边后，游戏带领者继续说："觉得自己的婆媳关系很好，或者自己与丈母娘的关系很好的同事请跨线。"这个时候，有两位同事小兰和小伟跨到了绳子另外一边，大家开始鼓掌。很多同事迫不及待地追问他们搞好关系的秘诀。小兰和小伟开始分享他们的故事，大家听得津津有味。

第二部分：敏感话题，解决问题

游戏带领者说："我们刚刚分享的都是一些轻松的话题，接下来我们会进入比较严肃的话题，有些话题还需要大家勇敢地做出真实回答。我提两个小小的要求，不知道大家是否能够满足？"

因为大家此刻的情绪在经过第一部分后已经很高涨了，所以大家都回答说没有问题。游戏带领者笑着说："坦诚和不装。坦诚就是真实回答，不装就是直面问题。否则，接下来的环节就将失去它的价值和意义。"大家纷纷点头，也很期待接下来会面对怎样的话题。

游戏带领者说："觉得目前工作的动力和满意度不高的请跨线。我给大家十秒钟的时间思考，时间到了大家再做选择。"十秒钟后，游戏带领者说："好，时间到，请跨线。"这个时候，有三位同事跨到绳子的另外一边。他们开始分享自己最近在工作中遇到的困扰、挑战和不开心的地方。没有跨线的同事提出了进一步的问题来探索，大家还针对跨线的同事提出了一些建设性的意见。

MOKA对话型游戏

小兰说："我给自己最近的工作满意度打两分，我遇到的最大的挑战就是工作压力大，我觉得自己的工作职责变得越来越多。当大家要我帮忙时，我很少拒绝。慢慢地，这些工作就变成我自己的工作了，我觉得好累。而且，事情做得越多，错得越多。今天在这种氛围下，我勇敢地说出了自己的想法，否则我都没有勇气说出来。其实，这种压力已经让我开始怀疑自己的能力了，也让我开始动心要在外面寻找工作了。"说着说着，小兰的眼圈都红了，而且她哽咽了起来。大家都安静了下来。

没跨线的小李开始提问："你能告诉我们，你觉得哪些工作是你不应该做而你现在不得不做的吗？"小张也提问："拒绝别人，你觉得最难的地方在哪里呢？"

接下来，大家开始集体讨论如何帮助小兰脱离现在的困境。

第十三章

打造高效团队文化氛围
——高绩效团队行为

靶心人：为什么要做这个游戏

　　高绩效团队文化是通过高绩效团队行为来展示的。哪些行为对团队的高绩效有帮助呢？哪些行为对团队的高绩效有破坏呢？如何在团队中宣扬这些正向、积极的行为呢？如何让团队成员进行自我对照和检视，以及增加自我觉察来修正不当行为呢？这些是团队领导者需要关注的问题。这个游戏活动给了团队领导者一些思考和建议，让他们思考该怎样通过游戏化的手法来解决这些问题，从而帮助团队建立高效的文化氛围。

　　这个游戏通过研讨的方式让团队成员探讨本团队如何才能产生高绩效，在本阶段最需要提倡的行为有哪些，以及最需要反对的行为有哪些。所以，讨论的结果并非某个理论模型，而是大家对高绩效团队行为的共识。

　　这个游戏的另外一个亮点是，给某人赠卡片的时候需要讲出对方的一个真实的故事或案例，以佐证为什么你认为应该把此卡片赠给对方。这样做能够让对话的过程变得生动、有趣。每个团队成员在接受他人的卡片（不论是支持性行为还是破坏性行为）时就会知道他人是基于什么（具体发生的事件）来做出判断的。

狩猎人：步骤与流程

游戏带领者把大家分成两个小组，一个小组讨论哪些行为对团队高绩效有帮助，另一个小组讨论哪些行为对团队高绩效有破坏。团队带领者分别把每个行为写在不同的卡片上——两种不同类型的行为可以用两种不同颜色的卡片来写，把所有写好的卡片放进帽子里面。

大家坐成一个圈。从其中一个人开始，此人从帽子中随机抽出一张卡片。他觉得团队中谁最匹配此卡片，就把此卡片交给谁。接到卡片的团队成员如果不认同，那么也不要与对方争论，只需要认真聆听并把卡片放在身前。如果没有合适的人选，那么抽卡人可以说"过"，且把卡片放回帽子中。抽卡人在把卡片交给最合适的人选后，需要详细阐述为什么把此卡片给对方，最好要讲一个真实的故事或案例。

随后，如果其他团队成员也想要把此卡片赠送给相应的其他人，那么赠送人可以重新写一张此卡片，并且在赠送的同时讲出理由（真实的故事或案例）。

　　下一个人再次从帽子中随机抽出下一张卡片，按照以上描述的规则继续此游戏。

　　在游戏结束的时候，每个人说出自己的收获以及下一步改进的行动计划。

跳板人：变化

　　大家首先探讨出团队的核心价值观，接下来针对每条核心价值观探讨出支持性行为和破坏性行为，把每一条支持性行为和破坏性行为写在彩色卡片上，可以用两种颜色的卡片来区分两类行为。就核心价值观在行为层面的践行情况，每位团队成员来接受彼此的反馈。（或者仅仅就支持性行为进行此游戏，得到卡片最多的学员为价值观践行的楷模，可以得到事先准备好的奖品。）

　　游戏带领者可以把价值观行为要素制作成卡片，把团队成员的名字分别写在另外一些卡片上，然后把两摞卡片正面朝下放在大家围坐的圆圈中间。从一位成员开始，他需要挑选一张价值观行为要素卡片，并且挑选一张人名卡片，然后把这两张卡片进行强制性连接。这位成员（或者大家）需要说出此人与此行为要素的关系（此人在这一项行为要素上做得如何）。这种变化的好处是随机，每位团队成员可以随机得到大家在行为要素上的反馈。这样的练习可以每周做一次，我们也可以把核心价值观分成每周两条来进行。

星星人：你的参与时间

运营部的杜经理想要通过这个游戏来让他的团队成员深入探讨高绩效团队行为，并借此机会开始营造团队文化氛围。身为游戏带领者，你有哪些建议呢？

有什么方式能够让大家体会到团队的核心价值观呢？为什么团队的核心价值观非常重要？

培养核心价值观，除了用游戏化的方式，还有其他的方式吗？

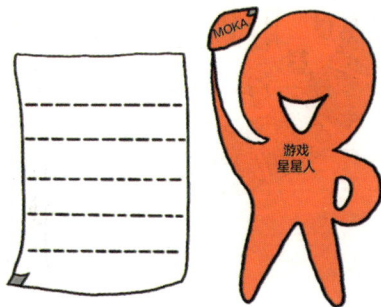

杜经理本人应该在开场的时候说些什么，才能让参与此次活动的人敞开心扉呢？

场景化展示

这是运营部的一次有关团队文化的深入探讨。杜经理在上过领导力课程后，开始意识到自己太过于追求目标和结果，反而忽略了团队文化的建设。杜经理在课程中学习到，团队领导只有在两个方面（要做什么以及用什么样的行为来做）同时努力，才能建立高绩效团队。杜经理觉得自己在目标、角色、职责、监督、检查上做得很好，但在团队行为层面的塑造上却没有做什么。这让他深刻感受到团队的整体氛围是很压抑的，而且团队存在很多问题。杜经理特别希望通过这个游戏让整个团队（包括他自己）反思行为层面的内容，从而让运营部的管理变得更加健康和有序。

　　杜经理把自己的团队分成了两组，一组讨论哪些行为对团队高绩效有帮助，另一组讨论哪些行为对团队高绩效有破坏。在进入小组讨论之前，他给每个人发了一张A4规格的白纸，让讨论对高绩效有帮助的那个小组的每个人在纸上写下哪些组织中的人是他们认为在这方面做得很好的人，并在这些人的名字旁边记录下他们的哪些行为证明他们是做得好的。

　　杜经理让另外一个组的每个人想想工作中谁是让他们觉得在合作上不舒服的人，甚至很难合作的人，以及对方做了什么让他们有此感受，并把对方的行为记录在对方的名字旁边。杜经理还特别提醒这个组的人不要把名字给其他人看，自己知道就可以了。

　　经过思考后，大家很快进行了小组研讨。第一组总结了对高绩效团队有帮助的行为：

- 尊重他人的想法。
- 勇敢地提出建设性反馈。
- 诚实守信，说到做到。
- 在接受他人帮助后表达欣赏与感激。
- 追求卓越，不断完善。
- 不怕冒险，勇于创新。

第二组总结了对高绩效团队有破坏的行为：

- 抱怨。
- 在背后说别人的坏话。
- 太过强势，只在乎自己的得失。
- 有想法不在团队会议中提出，形成共识后又不执行。
- 不遵守团队规则（如迟到早退）。

接下来，杜经理让每个小组把行为写在彩色卡片上，一条行为对应一张卡片。杜经理还特别用了两种颜色来区分（绿色卡片是对高绩效有帮助的行为，红色卡片是有破坏的行为）。

　　大家坐在一张桌子前，然后把所有的卡片随意地混合在一起，并将其放进了一个盒子里。杜经理团队的六个成员开始做抽卡、赠卡练习了。

　　郭雷抽了第一张卡片。这是一张绿色卡片，上面写着："在接受他人帮助后表达欣赏与感激。"郭雷想了想，把这张卡片给了银霞。郭雷说："银霞是一个特别在乎他人感受的人。每次银霞请我帮忙，我都很乐意。银霞会通过很多不同的渠道来表达感谢，比如请人吃饭、写邮件表达感谢并且抄送给对方的老板，甚至上次银霞出国旅游还没有忘记送给我一个小礼物。"郭雷这么说，银霞很开心。接过卡片后，银霞把卡片放在了自己的面前。

　　这个时候，张川说："我也想要把这张卡送给小丁，怎么办？"杜经理赶忙做了另外一张同样颜色的卡片，并且让张川讲出赠卡的理由。小丁也收到了此卡片，并把此卡片放在了自己的面前。

　　第二位成员小明开始抽第二张卡片。他抽到了一张红色卡片，上面写着："不遵守团队规则（如迟到早退）。"小明想都没有想，就把这张卡送给了大勇。小明说："这张卡片是送给你的。恕我直言，我们这个月开了三次会，你都迟到了，希望你下次能够准时。"大勇接过卡片，开玩笑地说："我改。如果我下次再迟到，那么我给大家买冰激凌！"

就这样，每个人都在这个游戏中表达了对他人在高绩效行为上的看法。有的人面前摆的都是绿色卡片，有的人面前一半是红色卡片、一半是绿色卡片。

在结尾的时候，每个人都说了为了让团队变得更好该怎样继续保持或者修正行为。杜经理最后让大家讨论了一些很独特的奖励和惩罚方法，并跟大家约定：每次得到绿色卡片最多的同事可以从奖励的盒子里抽奖励，得到红色卡片最多的同事需要从惩罚的盒子里面抽惩罚。大家觉得这样做很像教育孩子的游戏方式，但大家都挺认同这个方法在塑造行为上的有效性。

在这次游戏后，杜经理还把大家提出的支持性行为和破坏性行为做成了两个画框，将这两个画框挂在了办公室的墙上，还做了行为卡片让大家将其贴在自己的办公隔断上作为提醒。

对话无处不在，
沟通正在发生。

如果你正为生活中的无趣、
职场中的无聊、机会前的无力、
交谈时的无语、错过后的无奈
发愁……

MOKA对话型游戏是你最好的秘密武器。
MOKA对话型游戏能够开启你
有趣、有料、有意义的旅程，
让你在玩中搞定那些沟通中的无语，
让你在生活中变得快乐、轻松、有趣，
让你在工作中变得具有魅力和影响力，
点亮你生命无限的乐趣，燃放你的活力！

每个人都是自己人生的游戏魔法师，
每个人都拥有点亮自己和他人的沟通力，
每个人的幸福快乐都掌握在自己的手中！
MOKA对话型游戏只为超凡卓越的你！

请和小伙伴用笔在这里
画出最灿烂的笑容！

后　记

亲爱的读者朋友，感谢你和我们共同探索游戏型沟通力的道和术。希望本书能够开启你对游戏型沟通力的好奇心，能够激发你想要实践的欲望，能够给你的生活和工作带来新的色彩。

在家庭和朋友聚会时，在团队建设时，在举行群体会议时，在处理矛盾冲突等关键对话场景时，如果你能够通过本书获得灵感和启发，那么这该是多么美好的事情啊！

四位游戏魔法师寻找幸福、快乐魔法箱的历程是他们修炼和蜕变的征程，他们实践对话型游戏、创造对话流的历程也希望能够给你带来惊喜。想象一下，如果你能拥有创造深度体验、连接体验、心流体验、惊喜体验、巅峰体验的能力，很多重要的人生时刻因你的出现而不同，那么这会是多么美妙、多么有价值的事情啊！

我们相信，用游戏型沟通力给他人带来体验将会是未来生活和职场的一种新能力。就像你需要学习、沟通、演讲一样，你也需要具备给他人带来深度连接和快乐的游戏型沟通力。我们相信，这种新兴的能力能够让你在社交领域备受欢迎、脱颖而出！

游戏的美妙在于变化和创造，我们期待你能够创造出属于你自己的对话型游戏，欢迎你与我们交流和分享自己的心得和体会，欢迎你成为MOKA玩家俱乐部（我们的线下游戏体验中心）的一员，也欢迎你学习我们的课程。我们期待你成为MOKA游戏魔法师，成为给自己和他人带来深度连接的快乐使者！

亲爱的读者朋友，生命的意义在于创造无限的体验和可能。我们希望本书能够点亮你的创意，燃起你的激情，给你注入活力和能量，给你带来启发和收获。祝福你！

感谢卡

衷心感谢你和我们一起经历
MOKA世界里的探索旅程，
希望你能把学习到的
这些MOKA对话型游戏带到
你的生活和工作中去 ——
把幸福、快乐带给自己和身边的人！
希望你把本书作为礼物传递给
身边需要帮助的朋友！
让我们一起为幸福、快乐结伴同行！

请扫码关注MOKA学院